AF360429

CATALOGUE
DES LIVRES
DE LA BIBLIOTHÉQUE
DU
CHATEAU DE CHAULNES,

Dont la Vente fera indiquée par Affiches.

THÉOLOGIE.

Ecriture Sainte.

1 LA Sainte Bible, lat. fr. par M. de Sacy. *Paris,* 1748, 23 *vol. in-12*

2 La même, Lat. Franç. par le P. de Carrieres, avec les Differtations de l'Abbé de Vence. *Paris,* 1748, 14 *vol. in-4.*

3 Pfeautier Lat. Fr. par M. de Sacy, avec des notes à 3 colonnes. *Paris,* 1684, *in 8.*

4 Effufions de cœur fur les Pfeaumes, par D. Morel. *Paris,* 1716, 4 *vol. in-12.*

5 La Sainte Bible en Anglois. *Oxfort,* 1740, *in-4.*

6 Concordantiæ Bibliorum. *Parifiis,* 1656, *in-4.*

7 Dictionnaire de la Bible de Calmet, avec le Supplément. *Paris,* 1722, 4 *vol. in-fol. fig.*

Liturgie.

8 Traité de l'Oraifon. *Paris,* 1679, *in 8.*

9 Breviarium Romanum. *Parifiis,* 1701, 4 *vol. in 16,* manque *Pars Hiemalis.*

10 Miffale Romanum. *Lugduni,* 1634, *in 8.*

A

11 — *Idem. Parifiis*, 1684. *in* 12.

12 Miſſale Parifienſe, DD. de Noailles. *Parifiis*, 1706, *in fol.*

13 Breviarium Noviomenſe, *Parifiis*, 1764, 4 *vol. in* 12. *m.*

14 Diurnale Noviomenſe, *Parifiis*, 1764, 2 *vol. in* 12.

15 Semaine Sainte Lat. Fr. *Paris*, 1724, *in* 8. *mar.*

16 La même, 1731, *in* 8. *mar.*

17 Prieres à l'uſage de l'Ordre de S. Michel. *Paris*, 1730, *in* 12.

18 Année Eccléſiaſtique, ou Inſtructions ſur les Epitres & Evangiles de tous les jours de l'année. *Paris*, 1734, 15 *vol. in* 12.

19 Exercice de piété pour tous les jours de l'année, contenant les Vies des Saints & des inſtructions ſur les Epitres & Evangiles de chaque jour, par le P. Croiſet. *Lyon*, 1720, 17 *vol. in* 12. Il manque le 18, qui eſt la vie de J. C. & de la Vierge.

Peres de l'Eglife.

20 Confeſſions de S. Auguſtin, par D. Martin. *Paris*, 1741, *in* 12.

21 Soliloques de S. Auguſtin. *Paris*, 1714, *in* 12.

22 Morales de S. Gregoire ſur Job, trad. par Moreau. *Paris*, 1642, *in* 4.

Catechifmes & Sermons.

23 Doctrina Concilii Tridentini per Bellarinum. *Lugduni*, 1664, *in* 12.

24 Principes de la Foi, de Duguet. *Paris*, 1737, 3. *vol. in* 12.

25 Méditations du P. Haineuve. *Paris*, 1685, 4. *vol. in* 12.

26 Inſtructions chrétiennes ſur les Myſteres & les Fêtes de l'année, par Singlin. *Paris*, 1672, 5 *vol. in* 8.

27 Sermons choiſis de Fénélon. *Paris*, 1718, *in* 12.

28 Sermons de Bourdaloue. *Paris*, 1733, 18 *vol. in* 12.

29 Sermons de Cheminais. *Paris*, 1729, 5 *vol. in* 12.

30 Sermons de Maſſillon. *Trevoux*, 1705, 4 *vol. in* 12.

31 Le petit Carême & l'Avent du même. *Paris*, 1745, 2 *vol. in* 12.

32 Sermons du P. de la Rue, 1706, 4 *vol. in 12.*

Théologie Morale.

33 Inftructions fur la Pénitence & l'Euchariftie, par
Treuvé. *Paris*, 1734, *in 12.*

34 Inftructions fur les Sacremens, & leurs cérémonies.
Paris, 1687, *in 12.*

35 Exercice pour la Communion, du P. Griffet. *Paris*,
1752, *in 12.*

36 Confeils de la fageffe, par Gorfe. *Paris*, 1736 *in 12.*

37 Effais de Morale de Nicole. *Paris*, 1682, 8 *tom. en*
9 *vol. in 12.*

38 Fauffetés des vertus humaines, par Efprit. *Paris*,
1678, 2. *vol. in 12.*

39 Difcours fur la Comédie, par le P. le Brun. *Paris*,
1731, *in 12.*

40 Parallele des mœurs de ce fiecle & de la Morale de
J. C. par le P. Croifet. *Lyon*, 1727, 2 *vol. in 12.*

41 Inftructions pour les femmes & filles qui veulent vivre
chrétiennement dans le monde. *Paris*, 1719, *in 12.*

42 Recherches fur la nature du feu de l'Enfer, & le lieu
où il eft fitué, par Swinden, trad. par Bion. *Amft.*
1728, *in 8.*

43 Les Lettres Provinciales de Pafcal, avec les notes de
Nicole. *Amft.* 1735, 3 *vol. in 12.*

Théologie Myftique.

44 Imitation de J. C. par le P. Gonnelieu. *Bruxelles*,
1753, *in 12.*

45 L'Imitation en Vers François, par P. Corneille. *Rouen*,
1658, *in 4.*

46 Œuvres de Sainte Therefe, par M. Arnaud. *Paris*,
1702, 2 *vol. in 8.*

47 Perfection chrétienne de Rodriguez, par Regnier Def-
marais. *Parïs*, 1715, 4 *vol. in 8.*

48 Sermons & Epitres de S. François de Sales. *Paris*, 1641,
in fol. 1e *vol. de fes Œuvres.*

49 Introduction à la vie dévote, par le même. *Parïs*,
1644, *in 8.*

50 Œuvres de Grenade. *Paris*, 1613, *in fol.*

51 Réflexions chrétiennes du P. Croifêt. *Paris*, 1717, 2 vol *in* 12.

52 Retraite fpirituelle du même. *Paris*, 1716, 2 vol. *in* 12.

53 Retraite du P. Sanadon. *Paris*, 1728, *in* 12.

54 Les fouffrances de J. C. du P. Thomas de Jefus, par le Pere Alleaume. *Paris*, 1732, 2 vol. *in* 12.

55 La Converfion d'un Pêcheur, par le P. de Salafar. *Paris*, 1737, *in* 12.

56 Introduction à la vie intérieure. *Paris*, 1685, *in* 12.

57 Les fondemens de la vie fpirituelle du P. Surin. *Paris*, 1703, *in* 12.

58 Œuvres fpirituelles de M. de Fénélon, 1740, 4 *vol. in* 12.

59 Pratique pour fe conferver en la préfence de Dieu, par Courbon, *Paris*, 1712, *in* 16.

60 Penfées & réflexions chrétiennes pour tous les jours de l'année, par le P. Nepveu. *Par.* 1735, 4 *v. in* 12.

61 Avis falutaires d'un Philofophe chrétien. *Paris*, 1740, *in* 12.

62 Conduite pour les Octaves de la Pentecôte, Fête-Dieu & Affomption, par le P. Avrillon. *Paris*, 1724, *in* 12.

63 Réflexions fur les attributs de Dieu, du même. *Nancy*, 1717, *in*

64 Conduite de la divine Providence, par Boudon. *Par.* 1678, *in* 12.

65 Dévotion à la Sainte Enfance de Jefus. *Paris*, 1723, *in* 16.

66 Dévotion au Sacré-Cœur de J. C. par le P. Croifet. *Lyon*, 1698, 2 *vol. in* 12.

67 Dévotion au Sacré Cœur. *Paris*, 1757, *in* 12.

68 Pélerinage du Calvaire, par l'Abbé de Pontbriand. *Paris*, 1755, *in* 12.

69 Affociation pour bien mourir fous la protection des SS. Anges Gardiens. *Paris*, 1733, *in* 12.

Vérité de la Religion & Controverfes.

70 Vérité de la Religion, par Abbadie. *Rotterd.* 1688, 2 *vol. in* 12.

71 Preuves de la véritable Religion, par Buffier. *Paris*, 1732, *in* 12.

72 Traité de l'Exiſtence de Dieu, par Fénélon. *Paris*, 1718, *in* 12.

73 Lettres ſur la Religion & la Métaphyſique, par le mê-me. *Paris*, 1718, *in* 12.

74 Le nouvel Athéiſme renverſé, ou réfutation de Spi-noſa, par Lamy. *Paris*, 1646, *in* 12.

75 La Religion chrétienne prouvée par les faits, par l'Abbé Houtteville. *Paris*, 1740, 3 *vol. in* 4.

76 Preuves de la Religion, par le François. *Paris*, 1754, 8 *vol. in* 12.

77 Penſées ſur la Religion, par Paſcal. *Paris*, 1714, *in* 12.

78 La foi catholique défendue contre les Miniſtres de Charenton, par le Cardinal de Richelieu. *Paris*, 1629, *in* 4.

79 La Babylone démaſquée, ou motifs qui doivent faire renoncer aux ſectes contraires à la Religion Catholi-que. *Paris*, 1727, *in* 12.

Théologie des Turcs.

80 L'Alcoran de Mahomet, par du Ryer. (Hollande); *in* 16.

81 La Religion des Mahométans, par Reland. *La Haie*, 1721, *in* 12, *fig.*

82 Etat préſent de la Religion Mahométane, par le P. Nau. *Paris*, 1701, 2 *vol. in* 12.

JURISPRUDENCE.

83 Eſprit des Loix, par M. de Monteſquieu. *Geneve*, 2 *vol. in* 4.

84 Inſtitution au droit eccléſiaſtique, par Fleury. *Paris*, 1740, 2 *vol. in* 12.

85 Notes ſur le Concile de Trente, par Raſſicod. *Bruxel-les*, 1711, *in* 8.

86 Etabliſſement & prérogatives de l'Egliſe de Rome, par Maimbourg. *Paris*, 1685, *in* 12.

87 Droit de la Guerre & de la Paix de Grotius, trad. par Barbeyrac. *Amſt.* 1724, 2 *vol. in* 4.

88 Droit de la Nature & des Gens, de Puffendorf, trad. par Barbeyrac. *Amft.* 1734, 2 *vol. in* 4.
89 Recueil de Traités de Paix. *Paris, Leonard,* 8 *vol. in* 4.
90 Inftitutions au droit François, d'Argou. *Paris,* 1739, 2 *vol. in* 12.
91 Coutumier général. *Paris,* 1604, 2 *vol. in fol.*
92 Coutume d'Amiens, par Ricard. *Paris,* 1712, *in fol.*
93 Coutume d'Artois, par Maillard, *Paris,* 1704, *in* 4.
94 Coutumier de Vermandois. *Paris,* 1728, 2 *vol. in fol.*
95 Pratique des Terriers, de Freminville. *Paris,* 1748, 5 *vol. in* 4.
96 Dictionnaire de Police, du même. *Paris,* 1758, *in* 4.
97 Code de la Voyerie. *Paris,* 1753, 2 *vol. in* 12.
98 Manuel des Chaffes *Blois,* 1762, *in* 12.
99 Ordonnance de Louis XIV. fur les Eaux & Forêts, 1669, *in* 12.
100 Code des Chaffes. *Paris,* 1713, 2 *vol. in* 12.
101 Code des Commenfaux de la Maifon du Roi. *Paris,* 1720, *in* 12.
102 Code Militaire du Chevalier de Sparre. *Paris,* 1707, *in* 12.
103 Code Militaire de Briquet. *Paris,* 1728, 4 *vol. in* 12.
104 Procès du Pere Girard. *Amft.* 1731, 8 *vol. in* 12.

SCIENCES ET ARTS.

Philofophie.

105 Histoire critique de la Philofophie, par Deflandes. *Amfterdam,* 1737, 3 *vol. in* 12.
106 Hiftoire de la Philofophie payenne, par M. de Bury. *La Haye,* 1724, 2 *vol. in* 12.
107 Les Hypothipofes de Sextus Empiricus, trad. par Huart, 1725, *in* 12.
108 Œuvres de Sénéque, trad. par Chaluet. *Paris,* 1619, *in fol.*
109 Epitres de Sénéque. *Paris,* 1681, 2 *vol. in* 12.
110 L'Efprit de Sénéque. *Paris,* 1736, 2 *vol. in* 12.
111 Œuvres de la Motte-le-Vayer. *Paris,* 1656, 2 *vol. in fol.*

112 Œuvres de Descartes. *Paris*, 1726, 13 *vol. in* 12.
113 Systême de Philosophie de Regis. *Paris*, 1690, 3 *vol. in* 4.

Logique & Métaphysique.

114 Logique de Port-Royal, par Nicole. *Paris*, 1730, *in* 12.
115 Principes du raisonnement, par Buffier, *Paris*, 1714, *in* 12.
116 Traité des premieres vérités, par le même. *Paris*, 1724, *in* 12.
117 Recherche de la vérité, du P. Mallebranche. *Paris*, 1735, 4 *vol. in* 12.
118 Des vraies & des fausses idées, par Arnaud, 1685, *in* 12.
119 Essai philosophique sur l'entendement humain de Locke, par Coste. *Amst.* 1742, *in* 4.
120 Traité de l'opinion, par M. de S. Aubin. *Paris*, 1735, 6 *vol. in* 12.
121 Foiblesse de l'esprit humain, par M. Huet. *Londres*, 1741, *in* 12.
122 Histoire de l'esprit humain, avec le tableau de Cebès, *Paris*, 1670, *in* 8.
123 Œuvres diverses de Jean Locke, trad. par le Clerc. *Rotterdam*, 1710, *in* 12.
124 Timandre instruit par son génie, par le Comte d'Albert. *Paris*, 1702, *in* 12.
125 Essai sur les erreurs populaires, trad. de Thomas Brown. *Paris*, 1733, 2 *vol. in* 12.
126 Histoire des pratiques superstitieuses de le Brun. *Rouen*, 1702, *in* 12.
127 Essai sur le beau, par le P. André. *Par.* 1741, *in* 12.
124 * Dialogues sur les plaisirs entre Patru & d'Ablancourt. *Amst.* 1714, *in* 12.
125 * Le Comte de Gabalis, par l'Abbé de Villars, *in* 12.
126 * La Circé de Gelli, par du Parc. *Paris*, 1572, *in* 12.
127 * Amusement philosophique sur le langage des bêtes, par le P. Bougeant. *Paris*, 1739, *in* 12.

Morale.

128 La Vie de Pytagore & ses Symboles, par Dacier. *Paris*, 1706, 2 *vol. in* 12.

129 Œuvres de Platon, par le même. *Paris*, 1701, 2 *vol. in* 12.

130 Les Caracteres de Theophraste & ceux de ce siecle, par la Bruyere. *Paris*, 1714, 2 *vol. in* 12.

131 Manuel d'Epitecte, par Dacier. *Paris*, 1715, 2 *vol. in* 12.

132 Réflexions de Marc-Antonin, par Dacier. *Amsterd.* 1707, *in* 12.

133 Essais de Montaigne, par P. Coste. *Paris*, 1725, 3 *vol. in* 4.

134 Considérations sur les mœurs de ce siecle, par Duclos, 1751, *in* 12.

135 Réflexions sur les mœurs de ce siecle. *Cologne*, 1740, *in* 12.

136 La Jouissance de soi-même, la Conversation avec soi-même, & le tableau de la mort par Caraccioli. *Liege*, 1759, 3 *vol. in* 12.

137 Moralités curieuses. *Bâle*, 1741, *in* 12.

138 Conseils d'Ariste à Celimene, sur les moyens de conserver sa réputation. *Paris*, 1692. *in* 12.

139 Pensées de la Rochefoucault, avec les notes de la Roche. *Paris*, 1737, *in* 12.

140 Le Spectateur, en Anglois. *Londres*, 1729, 8 *vol. in* 12.

141 Le même, en François. *Amst.* 1732, 6 *vol. in* 12.

142 Education des Enfans de Locke, par Coste. *Amst.* 1737, *in* 12.

143 Devoirs de l'homme & du citoyen de Puffendorff, trad. par Barbeyrac. *Trevoux*, 1741, 2 *vol in* 12.

144 Traité du vrai mérite de l'homme, par le Maître de Claville. *Paris*, 1737, 2. *vol. in* 12.

145 Les Hommes. *Paris*, 1727, 2 *vol. in* 12.

146 Devoirs des Grands, par le Pr. de Conty. *Paris*, 1666, *in* 12.

147 Devoirs des Maîtres & des Domestiques, par Fleury. *Paris*, 1736, *in* 12.

148 Avis d'une Mere à son Fils & à sa Fille, par M. Lambert. *Paris*, 1734, *in* 12.

Politique.

149 Institution d'un Prince, par M. Duguet. *Londres*, 1739, *in* 4.

150 Maximes pour l'inftitution d'un Roi, par Joly. *Par.* 1663, *in* 12.

151 Le Prince de Machiavel, par Amelot de la Houffaye. *Amft.* 1694, *in* 12.

152 Difcours politiques du même. *Amft.* 1691, *in* 12, 2 *vol.*

153 Difcours fur le Gouvernement, par Sidney, trad. par Samfon. *La Haye,* 1702, 3 *vol. in* 12.

154 Maximes des Princes, par le Duc de Rohan, 1666, *in* 12.

155 Confidérations fur les coups d'Etat, par Naudé, 1667, *in* 12.

156 Projet d'une Dixme Royale, par Vauban, 1707, *in* 12.

157 Réflexions fur la Dixme de Vauban, attribuées à MM. Paris, 1716, *in* 12.

158 Traité des Monnoies de France, par le Blanc. *Paris,* 1690, *in* 4.

159 Effai fur le Commerce, par Melon, 1736, *in* 12.

160 Réflexions fur les Finances, par du Tot. *La Haye,* 1738, 2 *vol. in* 12.

161 Differtations fur l'état du Commerce en France, fous la premiere & deuxieme race, par l'Abbé Carlier. *Amiens,* 1753, *in* 12.

162 Dictionnaire du Commerce, par Savary. *Par.* 1730, 2 *vol. in fol.*

163 Intérêts de la France mal entendus, dans les Finances, le Commerce, &c. par Goudard. *Amft.* 1756, 3 *vol. in* 12.

164 Commerce des Hollandois. *Par.* 1714, *in* 12.

Phyfique.

165 Entretiens phyfiques du P. Regnault. *Par.* 1732, 4 *vol. in* 12.

166 Expériences phyfiques de Poliniere. *Par.* 1734, 2 *vol. in* 12.

167 Recueil de Traités de phyfique, par Deflandes. *Par* 1736, *in* 12.

168 Equilibre des liqueurs de Pafcal. *Par.* 1663, *in* 12.

169 Syftême de l'Univers, par l'Abbé de Pontbriand. *Paris,* 1751, *in* 4.

170 Pluralité des Mondes de Fontenelle. *Par.* 1703, *in* 12.

171 Hiftoire de l'Académie des Sciences avant 1699.

Par. 1733, 11 *tomes en* 13 *vol. in* 4.

Histoire & Mémoires de l'Académie des Sciences, 1699 à 1764. *Par.* 1719 *& suiv.* 66 *vol. in* 4.

Grandeur de la terre, suite de 1718, *in* 4.

Traité de l'Aurore Boréale de M. de Mairan, suite de 1731. *Par.* 1733, in 4.

Le même, 1754, *in* 4.

Géométrie de l'infini, par M. de Fontenelle, suite de 1727, *in* 4.

Meridienne de Paris de Cassini, suite de 1740, *in* 4.

Table des Mémoires de l'Académie. *Par.* 1734, *& suiv.* 6 *vol. in* 4.

Mémoires des Savans Etrangers. *Par.* 1750 *& suiv.* 4 *vol. in* 4.

Astronomie de Cassini, avec les Tables. *Par.* 1740, 2 *vol. in* 4.

Voyage de Chabert. *Paris*, 1753, *in* 4.

Histoire Naturelle.

172 Histoire Naturelle du Cabinet du Roi, par Buffon & Daubenton. *Paris*, 1740 *& suiv.* 14 *vol. in* 4.

173 Le Spectacle de la Nature, par Pluche. *Par.* 1732, 8 *tom. en* 9 *vol. in* 12.

174 Histoire du Ciel, par Pluche. *Par.* 1740, 2 *vol. in* 12.

175 Le parfait Maréchal, par Solleyfel. *Par.* 1744, *in* 4.

176 Le Gentilhomme Maréchal, par Dupuis d'Emportes. *Par.* 1756, *in* 12.

177 L'Art de faire éclore & d'élever toutes sortes d'oiseaux domestiques sans mere, par M. de Reaumur. *Par.* 1749, 2 *vol. in* 12.

178 Catalogue des Curiosités de M. Bonnier de la Mosson. *Par.* 1744, *in* 12.

179 Deux autres Catalogues de Coquilles & Curiosités, par Gersaint. *Paris*, 1736, *in* 12.

180 Agricola de re metallica *Basilea*, 1657, *in fol.*

181 Le Mercure Indien, où il est traité des Mines d'Or, d'Argent, de Vif argent, des Pierres précieuses & des Perles, par de Rosnel. *Par.* 1668, *in* 4.

182 Le parfait Jouallier, ou Histoire des Pierreries, trad. de Boece de Boot, par Toll. *Lyon*, 1644, *in* 8.

Agriculture.

183 Dictionnaire Œconomique de Chomel. *Par.* 1718, 2 *vol. in fol.*

184 Journal œconomique, 1751 à 1768, 34 *vol. in* 12, & 11 *vol. in* 8.

185 La Maison Rustique d'Etienne & de Liebaut. *Paris, in* 4.

186 L'Agronome, ou Dictionnaire du Cultivateur, par Allets. *Par.* 1760, 2 *vol. in* 8.

187 Culture des terres, suivant les principes de Tull, par M. du Hamel. *Par.* 1750, 3 *vol. in* 12.

188 Elémens d'Agriculture, du même. *Par.* 1762, 2 *vol. in* 12.

189 Observations sur le jardinage, par Bradley. *Paris,* 1756, 3 *vol. in* 12.

190 Le Jardinier solitaire. *Par.* 1705, *in* 12.

191 Instructions sur les Jardins fruitiers & potagers, par la Quintinie. *Par.* 1739, 2 *vol. in* 4.

192 Le Jardinier Fleuriste, par Liger. *Par.* 1748, 2 *vol. in* 12.

193 Culture des Pêchers, par de Combes. *Paris,* 1759, *in* 12.

194 Curiosités de la Nature & de l'Art, sur l'Agriculture, par Vallemont. *Par.* 1710, *in* 12.

195 Théorie & Pratique du Jardinage, par Dargenville, *Par.* 1747, *in* 4.

196 Traité des arbres & arbustes, par du Hamel. *Paris,* 1755, 2 *vol. in* 4.

197 Physique des arbres, du même. 1758, 2 *vol. in* 4.

198 Des Semis & Plantations, par le même, 1760, *in* 4.

199 Exploitation des Bois, du même, 1764, 2 *vol. in* 4.

200 Transport des Bois, du même, 1767, *in* 4.

Médecine, Chirurgie & Chimie.

201 Histoire de la Médecine, trad. de Freind. *Leyde,* 1727, 3 *vol. in* 12.

202 Dictionnaire de santé, par Vandermonde. *Par.* 1759, 2 *vol. in* 8.

203 Œconomie animale de Quesnay. *Paris,* 1747, 3 *vol. in* 12.

204 Traité de la Gangrène, du même. *Par.* 1749, *in* 12.

205 Examen du livre intitulé : Parallele des différentes manieres de traiter la maladie vénérienne, par Keyser. *Paris*, 1765, *in* 12.

206 La Médecine, la Chirurgie & la Pharmacie des Pauvres, par M. Hecquet. *Par.* 1742, 3 *vol. in* 12.

207 L'Anatomie d'Heister, par Senac. *Par.* 1735, *in* 8.

208 L'Art des Accouchemens, par M.^{de}. Bourfier du Coudray, *Par.* 1759, *in* 12.

209 Mémoires de l'Académie de Chirurgie. *Par.* 1743 & *fuiv.* 3 *vol. in* 4.

210 Recueil de pieces qui ont remporté des Prix de l'Académie de Chirurgie. *Par.* 1753, 3 *vol. in* 4.

211 Cours de Chimie de Rouelle, *manufcrit in* 4.

212 Cours de Chimie, fuivant les principes de Newton & de Stahll, par M. Senac. *Par.* 1737, *in* 12.

213 Elémens de Botanique de Tournefort. *Par. Imprim. Royale*, 1694, 3 *vol. in* 8.

214 Dictionnaire des Drogues de Lemery. *Paris*, 1759, *in* 4.

215 Recueil de remedes, par Madame Fouquet. *Par.* 1750, 2 *vol. in* 12.

216 Manuel des Dames de Charité, par Arnault de Nobleville. *Paris*, 1755, *in* 12.

217 Pratica de fpeziali dal S. Auda. *Venetia*, 1686, *in* 16.

218 Introitus apertus ad occlufum regis palatium. *Amft.* 1667, *in* 12.

219 Avantures du Philofophe inconnu en la recherche de la pierre philofophale. *Par.* 1674, *in* 12.

Mathématiques.

220 Dictionnaire de Mathématiques d'Ozanam. *Paris*, 1691, *in* 4.

221 Cours de Mathématiques de Wolf. *Par.* 1747, 3 *vol. in* 8.

222 Cours de Mathématiques de Webfter. *Londres*, 1728, 3 *vol. in* 12 *en Anglois.*

223 Œuvres de Mathématiques du P. Pardies, avec un rraité fur l'ame des bêtes. *Amft.* 1725, *in* 12.

224 Ufage du Mécometre, par Henrion. *Par.* 1677, *in* 12.

225 Récréations Mathématiques, par Ozanam. *Par.* 1735, 4 *vol. in* 8.

226 Arithmétique, Comptes faits, & livre néceffaire de Barrême. *Paris*, 1716, 3 *vol. in* 12.
227 Elémens d'Algébre, par Clairaut. *Par.* 1746, *in* 8.
228 Géométrie de Rivard. *Par.* 1732, *in* 4.
229 Géométrie de Clairaut. *Par.* 1741, *in* 4.
230 Table des Sinus, par Ulacq. *Amft.* 1667, *in* 12.

Aftronomie & Navigation.

231 Elémens de Géographie de Maupertuis. *Par.* 1742, *in* 8.
232 Ufage des globes de Bion. *Par.* 1717, *in* 8.
233 Leçons d'Aftronomie de la Caille. *Par.* 1755, *in* 8.
234 Figure de la Terre, par M. de Maupertuis. *Paris*, 1738, *in* 8.
235 Voyage de l'Abbé de la Caille au Cap. *Par.* 1763, *in* 12.
236 Examen de divers ouvrages fur la figure de la terre, par M. de Maupertuis, 1738, *in* 12.
237 Figure des Aftres, par le même. *Par.* 1742, *in* 8.
238 Degré du Méridien mefuré entre Paris & Amiens, par le même. *Par.* 1740, *in* 8.
239 Dictionnaire de Marine, par Aubin. *La Haye*, 1742, *in* 4.
240 Moyens de perfectionner la navigation, par Radouay, *Par.* 1727, *in* 4.
241 L'Art des Armées navales du P. Hofte. *Lyon*, 1697, *in fol.*

Optique & Architecture.

242 Optique de Newton, trad. par Cofte. *Par.* 1722, *in* 4.
243 Conftruction d'un Telefcope de Réflexions, par Paffemant. *Par.* 1738, *in* 4.
244 Leçons de Perfpective, par du Cerceau. *Par.* 1576, *in fol.*
245 Perfpective de Marolois, 1615, *in fol. obl.*
246 Architetrura di Palladio. *Venetia*, 1642, *in fol.*
247 Cours d'Architecture de Davillers. *Par.* 1738, *in* 4. *fig.*
248 Architecture hidraulique, par Belidor. *Paris*, 1737, 4 *vol. in* 4. *fig.*

249 Architecture de Savot. *Par.* 1685, *in* 8.
250 Traité des Ponts, par Gautier. *Par.* 1716, *in* 8.

Horlogerie.

251 Traité d'Horlogerie de Derham. *Par.* 1731, *in* 12.
252 Regle artificielle du tems, par Sully, revue par le Roy. *Par.* 1737, *in* 12.
253 Méthode pour tracer les cadrans, par Ozanam, *Paris*, 1685, *in* 12.

Art de la Guerre.

254 L'Art de la Guerre de Machiavel. *Amst.* 1693, *in* 12.
255 Art de la Guerre de Puyfegur. *Par.* 1749, 2 *vol. in* 4.
256 Obfervations fur l'art de faire la guerre. *Par.* 1740, *in* 12.
257 Traité de la difcipline militaire, par Bland. *Lond.* 1740, *in* 8, *en Anglois.*
258 De la charge de gouverneur des places, par de Ville, *Amst.* 1674, *in* 12.
259 Le parfait Capitaine du Duc de Rohan, 1744, *in* 12.
260 Mémoires de Montecuculi. *Par.* 1712, *in* 12.
261 Les Fortifications du Comte de Pagan. *Bruxelles*, 1668, *in* 12.

Peinture & Mufique.

262 Vies des Peintres de Félibien. *Par.* 1685, 3 *vol. in* 4.
263 Vies des Peintres de de Piles. *Par.* 1715, *in* 12.
264 Dictionnaire de Mufique de Broffard. *Paris*, 1703, *in fol.*
265 Traité de l'harmonie de Rameau. *Par.* 1722, *in* 4.
266 Dialogue fur la Mufique des Anciens, par Château-neuf. *Paris*, 1735, *in* 12.
267 Brunettes notées. *Paris*, 1703, 3 *vol. in* 12.
268 La Clef des Chanfonniers. *Par.* 1717, 2 *vol. in* 12.
269 Tendreffes bachiques. *Par.* 1712, 2 *vol. in* 12.
270 Recueil de Chanfons notées. *La Haye*, 1731, 8 *vol. in* 12.
271 Chœurs d'Efter en mufique, par Moreau. *Paris*, 1689, *in* 4.
272 Les cinq livres de baffe de viole, de Marais, avec la baffe-continue des quatre derniers, 9 *vol in* 4. *gravés.*

273 Traité d'accompagnement pour le theorbe & le cla-
veſſin, par Delair, *in* 4 *gravé.*

274 Sonnets à un & à trois violons de Corelli, *gravé.*

275 Sonates d'Aubert, *Livre* 2.

276 Les cinq Livres de Sonates de Senaillé.

Arts différens.

277 Secrets des Arts & Métiers. *Bruxelles*, 1758, 2 *vol.*
in 12.

278 Académie des Jeux. *Paris*, 1718, *in* 12.

279 La Maiſon des Jeux académiques. *Paris*, 1668, *in* 12.

280 Le Palais des Curieux, avec un Traité des Songes &
de la Phyſionomie. *Paris*, 1695, *in* 12.

BELLES-LETTRES.

Grammaires & Dictionnaires.

281 Maniere d'enſeigner & d'étudier, par M. Rollin.
Paris, 1730, 4 *vol. in* 12.

282 Grammaire générale & raiſonnée de M. Arnaud,
Paris, 1709, *in* 12.

283 Méthode Grecque de Lancelot. *Paris*, 1658, *in* 8.

284 Grammaire Latine de Couvay. *Paris*, 1668, *in* 8, *fig.*

285 Dictionnarium Latino-Gallicum. *Pariſiis*, *Boudot*,
1728, *in* 8.

286 Dictionnaire François & Latin de Danet. *Lyon*, 1737,
in 4.

287 Dictionnaire Latin François, du même. *Lyon*, 1737,
in 4.

288 Gloſſarium mediæ & infimæ latinitatis, Autore du
Cange. *Pariſiis*, 1733, 6 *vol. in fol.*

289 Grammaire Françoiſe de Buffier. *Paris*, 1732, *in* 12.

290 Grammaire Françoiſe de Reſtaut. *Paris*, 1738, *in* 12.

291 Synonimes François de l'Abbé Girard. *Paris*, 1740,
in 12.

292 Dictionnaire François de Furetiere. *La Haye*, 1690,
3 *vol. in* 4, *manque le troiſieme.*

293 Dictionnaire univerſel, avec le Supplément. *Trevoux*,
1721, 6 *vol. in fol.*

294 Dictionnaire Italien de Veneroni. *Paris*, 1681, *in* 4.

295 Dictionnaire Espagnol de Sobrino. *Bruxelles*, 1744, 2 *vol. in* 4.

296 Prononciation de la Langue Angloise, par Flint. *Paris*, 1740, *in* 12.

297 Grammaire Angloise pour apprendre le François, par Boyer. 1739, *in* 8.

298 Dictionnaire Anglois de Boyer. *Amst.* 1727, 2 *vol. in* 4.

299 Dictionnaire Anglois de Dyche. *Londres*, 1740, *in* 8.

300 Dictionnaire Anglois étymologique de Bailey. *Londres*, 1740, 2 *vol in* 8.

301 Dictionnaire Allemand-François-Latin de Duez. *Amst.* 1664, *in* 4.

Rhétorique & Orateurs.

302 Dialogues sur l'éloquénce de Fénélon *Paris*, 1718, *in* 12.

303 Quintilien, trad. par Gedouyn. *Paris*, 1718, *in* 4.

304 L'Orateur de Ciceron, par Colin. *Paris*, 1737, *in* 12.

305 Oraisons de Ciceron de Villefore. *Paris*, 1732, 8 *vol. in* 12.

306 Philippiques de Demosthenes & Catilinaires de Ciceron, par d'Olivet. *Paris*, 1736, *in* 12.

307 Traité des Loix de Ciceron de Morabin. *Paris*, 1719, *in* 12.

309 Tusculanes de Cicerou, par d'Olivet. *Paris*, 1737, 2 *vol. in* 12.

310 Les Offices de Ciceron, par Dubois. *Paris*, 1729, *in* 12.

311 La Vieillesse & l'Amitié de Ciceron, par Dubois, *Paris*, 1732, *in* 12.

312 Ciceron, de la Nature des Dieux, par d'Olivet. *Par.* 1722, 2 *vol. in* 12.

313 Lettres de Ciceron à Atticus, par Montgault. *Paris*, 1738, 6 *vol. in* 12.

314 Lettres de Ciceron à ses amis, par Dubois. *Paris*, 1704, 4 *vol. in* 12.

315 Recueil de Harangues, par Lannel. *Paris*, 1622, *in* 8.

316 Oraisons funebres par Fléchier. *Paris*, 1716, *in* 12.

317 Oraisons funebres, par Bossuet. *Paris*, 1738, *in* 12.

Poëtique.

Poëtique.

318 Poëtique d'Ariftote, par Dacier. *Paris*, 1692, *in* 4.
319 Traité du Poëme épique, par le Boſſu. *La Haye*, 1714, *in* 12.

Poëtes Grecs.

320 L'Illiade & l'Odyſſée d'Homere, par Madame Dacier. *Par.* 1710 & 1716 , 6 *vol. in* 12.
321 Idilles de Bion & Moſchus, par Longepierre. *Lyon*, 1697, *in* 12
322 Idilles de Théocrite, du même. *Par.* 1688, *in* 12.
323 Anacréon de Madame Dacier. *Amſt.* 1716 , *in* 12.

Poëtes Latins.

324 Catalectes d'anciens Poëtes Latins, recueillis par Scaliger, & trad. par Marolles. *Par.* 1667, *in* 8.
325 Lucrece du Baron des Coutures. *Paris*, 1708, 2 *vol. in* 12.
326 Virgile de Marolles. *Par.* 1655, *in fol. fig.*
327 Virgile de Catrou. *Par.* 1729, 4 *vol. in* 12.
328 Virgile en Vers François, par Segrais. *Lyon*, 1736, 2 *vol. in* 8.
329 Horace du P. Tarteron. *Par.* 1738 , 2 *vol. in* 12.
330 Fables de Phedre, Lat. Fr. *Par.* 1709, *in* 16
331 Les Héroïdes, les Elégies, l'Art d'aimer, les Triſtes, les Epitres écrites du Pont, le livre contre Ibis d'Ovide, trad. par Marolles. *Par.* 1661 , 7 *vol. in* 8, Lat. Fr.
332 Epitres d'Ovide en Vers François. *Bruxelles*, 1736, *in* 12.
333 Ovidii Metamorphoſeon libri XV. *Amſt.* 1664, *in* 16.
334 Les Métamorphoſes d'Ovide de l'Abbé de Bellegarde. *Par.* 1701, 2 *vol. in* 8, *fig.*
335 Juvenal & Perſe de Tarteron. *Par.* 1737, *in* 12.
336 Lucain de Brebeuf. *Paris*, 1682, *in* 12.
337 Martial de Marolles. *Par.* 1655, 2 *vol. in* 8.
338 Aurelia, ou Orléans délivré, poëme Lat. trad. en Fr. *Par.* 1738, *in* 12.
339 Owenii Epigrammata. *Amſt. Elzevir.* 1647, *in* 24.

340 Buchanani Poëmata. *Amst.* 1687 , *in* 24.
341 Sannafari opera. *Venetiis, Aldus,* 1535, *in* 12.
342 Vallii Carmina. *Antuerpiæ*, 1669 , *in* 12.
343 Rapini Eclogæ & hortorum libri IV. *Parifiis*, 1665, 2 *vol. in* 4.
344 Commirii Carmina. *Lutetia*, 1681 , *in* 12.
345 Ruæi Carmina. *Lutetiæ*, 1688 , *in* 12.
346 Huetii Poëmata. *Ultrajecti*, 1700, *in* 12.
347 Sanadonis Carmina. *Lutetia*, 1715, *in* 12.
348 Recueil de divers ouvrages du P. Brumoy. *Paris*, 1741, 2 *vol. in* 12.
349 Anti-Lucretius Card. de Polignac. *Parifiis*, 1747, *in* 8.

Poëtes François.

350 Dictionnaire des Rimes, de Richelet. *Paris*, 1692, *in* 12.
351 Recueil des plus belles pieces des Poëtes François, depuis Villon jufqu'à Benferade, par Barbin. *Paris*, 1692, 5 *vol. in* 12.
352 Recueil de Poëfies par la Fontaine. *Paris*, 1682, 3 *vol. in* 12.
353 Recueil de pieces choifies de la Monnoye. *La Haye*, 1714, 2 *vol. in* 12.
354 La farce de Pathelin, les Œuvres de J. Marot, Cretin, Villon, Martial d'Auvergne, Coquillart, Legende de Faifeu & Poéfies de J. Molinet. *Paris, Coutellier*, 1723, 8 *vol. in* 12.
355 Œuvres de Cl. Marot. *La Haye*, 1702, 2 *vol. in* 12.
356 Œuvres de Malherbe, avec les obfervations de Ménage. *Par.* 1723, 3 *v. in* 12.
357 Poéfies de Malherbe. *Par.* 1757, *in* 8.
358 Œuvres de Regnier, 1746, *in* 12.
359 Poéfies de Dalibray. *Par.* 1673, *in* 12.
360 Alaric, poëme de Scudery. *Par.* 1654, *in fol.*
361 Vers héroïques de Triftan l'Hermite. *Paris*, 1648, *in* 4.
362 La Pucelle, poëme de Chapelain. *Par.* 1656, *in fol. fig.*
363 Œuvres de Racan. *Par.* 1724, 2 *vol. in* 12.
364 Fables de la Fontaine, avec figures. *Paris*, 1678, 6 *vol. in* 12, *manque le premier.*
365 Les mêmes. *Paris*, 1715, *in* 12.

366 Œuvres diverses de la Fontaine. *Par.* 1729, 3 *vol. in* 8.

367 Chansons de Coulanges. *Par.* 1698, 2 *vol. in* 12.

368 Poësies de la Suze & de Pelisson. *Trevoux*, 1741, 5 *vol. in* 12.

369 Le Divorce de l'Amour & de l'Hymenée, Voyage de Chapelle & Bachaumont, l Allée de la Seringue, *in* 12.

370 Poésies de Deshoulieres. *Par.* 1739, 2 *vol. in* 8.

371 Œuvres du Président Nicole. *Paris*, 1705, 2 *vol. in* 12.

372 Poésies de Regnier Desmarais. *Paris*, 1707, 2 *vol. in* 12.

373 Œuvres de Pavillon. *Amst.* 1750, *in* 12.

374 Œuvres de Boileau. *Geneve*, 1716, 4 *vol. in* 12.

375 Les mêmes. *Amst.* 1718, 2 *vol. in* 4.

376 Poésies de Sanlecque. *Harlem*, 1726, *in* 12.

377 Œuvres de Chaulieu. *Amst.* 1733, *in* 8.

378 Poésies de du Cerceau. *Paris*, 1726, *in* 8.

379 Fables de la Motte. *Par.* 1719, *in* 4 *fig.*

380 Œuvres de J. B Rousseau, avec l'anti-Rousseau de Gacon. *Rotterdam*, 1712, 3 *vol. in* 12.

381 Œuvres de Gresset. *Londres*, 1751, 2 *vol. in* 12.

382 Œuvres de Voltaire. *Amst.* 1736, 2 *vol. in* 12.

383 Recueil des Poëtes Gascons. *Amst.* 1700, 2 *vol. in* 8.

Poëtes Italiens, Portugais & Anglois.

384 Roland l'Amoureux, par le Sage. *Paris*, 1721, 2 *vol. in* 12.

385 Roland le Furieux, par le même. *Paris*, 1720, 2 *vol. in* 12.

386 La Gierusalemme liberata. *Geneve*, 1617, *in fol. fig.*

387 La Medesima. *Bassano, in* 16.

388 Jérusalem délivrée, par Mirabaud. *Par.* 1724, 2 *vol. in* 12.

389 La Secchia rapita del Tassoni. *Ronciglione*, 1624, *in* 12

390 La Lusiade du Camoëns, par du Perron de Castera. *Amst.* 1735, 3 *vol. in* 12.

391 Paradis perdu de Milton. *Londres*, 1738, *in* 12 en *Anglois.*

392 Le Paradis perdu & reconquis de Milton, par Dupré

de S. Maur. *Paris*, 1729, 4 *vol. in* 12.

393 Les principes de la Morale & du Goût de Pope, par du Refnel. *Paris*, 1737. *in* 8.

394 Hudibras de Butler, en Anglois & en François, par Tonnelay, (*Paris*) 1757, 3 *vol. in* 12. *fig.*

Théâtre des Grecs & des Latins.

395 Le Théâtre des Grecs du P. Brumoi. *Paris*, 1730, 3 *vol. in* 4.

396 Térence de Madame Dacier. *Paris*, 1688, 3 *vol. in* 12. Lat. Fr.

397 Plaute de Limiers. *Amft.* 1719, 10 *vol. in* 12, Lat. Fr.

398 Senecæ Tragediæ. *Amft.* 1619, *in* 24.

399 Les Tragédies de Sénéque, trad. par Marolles. *Par.* 1664, 2 *vol. in* 8.

Théâtre François.

400 Bibliotheque des Théâtres. *Paris*, 1733, *in* 8.

401 Recherches fur les Théâtres, par de Beauchamp. *Par.* 1735, 3 *vol. in* 8.

402 La pratique du Théâtre de l'Abbé d'Aubignac. *Amft.* 1715, 2 *vol. in* 12.

403 Théâtre François, ou Recueil des meilleures pieces de Théâtre des Auteurs anciens, dont les Théâtres particuliers ne font pas recueillis. *Paris*, 1737, 12 *vol. in* 12.

404 Théâtre François, ou recueil de Comédies & Tragédies modernes, 10 *vol. in* 8 & *in* 12.

405 Théâtre de Pierre Corneille. *Par.* 1705, 5 *vol. in* 12. *manque le premier.*

406 Œuvres de Pierre & Thomas Corneille. *Par.* 1738, 12 *vol. in* 12.

407 Œuvres de Moliere. *Paris*, 1682, 8 *vol. in* 12.

408 Théâtre de Quinault. *Par.* 1739, 5 *vol. in* 12.

409 Œuvres de Racine. *Par.* 1702, 2 *vol. in* 12, *manque le deuxieme.*

410 Théâtre de Bourfault. *Par.* 1725, 3 *vol. in* 12.

411 Theâtre de la Tuilerie *Par.* 1680, *in* 12.

412 Théâtre de Chammelé *Par.* 1735, *in* 12.

413 Œuvres de Montfleury. *Amft.* 1739, 2 *vol. in* 12.

414 Œuvres de Poiffon. *Par.* 1743, 2 *vol. in* 12.

415 Théâtre d'Hauteroche. *Par.* 1736, 3 *vol. in* 12.
416 Œuvres de la Fosse. *Par.* 1747, 2 *vol. in* 12.
417 Œuvres de Regnard. *Par.* 1731, 5 *vol. in* 12.
418 Œuvres de Palaprat. *Par.* 1712, 2 *vol. in* 12.
419 Théâtre de Brueys. *Par.* 1735, 3 *vol. in* 12.
420 Œuvres de du Fresny. *Par.* 1731, 6 *vol. in* 12.
421 Œuvres de Campiſtron. *Par.* 1715 *in* 12.
422 Théâtre de Dancourt. *Par.* 1738, 8 *vol. in* 12.
423 Théâtre de Legrand. *Par* 1731, 4 *vol. in* 12.
424 Théâtre de Baron. *Par.* 1736, 2 *vol. in* 12.
425 Théâtre de la Motte. *Par.* 1730, 2 *vol in* 8.
426 Œuvres de la Grange Chancel. *Par.* 1735, 3 *v. in* 12.
427 Œuvres de Deſtouches. *Par.* 1745, 6 *vol. in* 12.
428 Les mêmes. *Par.* 1757, 4 *vol. in* 4.
429 Œuvres de Crebillon. *Par.* 1737, 2 *vol. in* 12.
430 Le Théâtre de la Foire, par le Sage & d'Orneval. *Par.* 1737, 10 *vol. in* 12.
431 Recueil d'Opéra. *Par.* 1703 *& ſuiv.* 16 *tomes en* 17 *vol. in* 12.

Théâtre Italien & Anglois.

432 Hiſtoire du Théâtre Italien de Ricoboni. *Par.* 1728, *in* 8.
433 L'Aminte du Taſſe, Ital. Fr. par de Torche. *Paris,* 1669, *in* 12.
434 Le Berger fidele, Ital. & Fr. par Pecquet. *Paris,* 1732, *in* 12.
435 La Philis de Scire, Ital. & Fr. *Bruxelles,* 1707, *in* 12.
436 L'Amoroſo Sdegno di Bracciolini, la Geloſa Ninfa da Fiamina, le Fiamme amoroſe di Corbellini, l'Adone tragedia di Vendramino *Venetia,* 1602, *in* 16.
437 Opere drammatiche di Metaſtaſio. *Veneẓia,* 1740, 4 *vol in* 12.
438 Théâtre Italien de Gherardi. *Paris,* 1700, 6 *vol. in* 12, *manque le* 4 *& le* 6.
439 Nouveau Théâtre Italien. *Paris,* 1733 *& ſuiv.* 9 *vol. in* 12.
440 Théâtre Anglois de M. de la Place, 1745, 8 *vol. in* 12.
441 Choix de petites pieces de Théâtre Anglois, par l'atu. *Paris,* 1756, 2 *vol. in* 12.

Mythologie.

442 Dictionnaire de la Fable, par Chompré. *Paris*, 1733, *in* 12.

443 Mythologie de l'Abbé Banier. *Paris*, 1738, 2 *vol. in* 12.

444 Le Pantheon mytique du P. Pomey, trad. par Tenant. *La Haye*, 17'2, 2 *vol. in* 12.

445 Ufage & Bibliotheque des Romans, par Lenglet. *Amft.* 1734, 2 *vol. in* 12.

Anciens Romans Grecs & Latins.

446 Theagene & Chariclée d'Heliodore, par Amyot, *in* 8, *fig.*

447 Ifmene & Ifmenias d'Euftathe, par Beauchamp. *Amft.* 1729, *in* 12.

448 Leucippe & Clitophon de Tatius, par de Caftera. *Amft.* 1733, *in* 12.

449 Daphnis & Chloé de Longus, par Amyot, avec les figures de M. le Duc d'Orléans, 1718, *in* 12. *mar.*

450 Amours de Licydas & de Cleonte, trad. du Grec par Bazire. *Rouen*, 1630, *in* 12.

451 Triomphe de l'amitié, trad. du Grec par Mlle. Fauque, 1751, 2 *vol. in* 12.

452 Amours de Tibulle & Catulle, par la Chapeile. *Par.* 1719 & 1725, 5 *vol. in* 12.

Romans Moraux & Politiques.

453 Daphnide de J. P. Camus. *Lyon*, 1625, *in* 12.

454 La Princeffe Julie, du même. *Paris*, 1625, *in* 12.

455 La Charité, du même. *Paris*, 1641, *in* 12.

456 Macarife de l'Abbé d'Aubignac. *Paris*, 1664, 2 *vol. in* 8.

457 Hiftoire des Sevarambes. *Bruxelles*, 1682, 2 *vol. in* 12.

458 Voyage de Sadeur. *Amft.* 1732, *in* 12.

459 Anecdotes de Samos, par Menin. *La Haie*, 1744, *in* 12.

460 Sethos de Terraffon. *Paris*, 1731, 3 *vol. in* 12.

Romans Héroïques.

461 Agiatis Reine de Sparte, par Vaumoriere. *Paris*, 1685, 2 *vol. in* 12.

462 Almahide, ou l'Esclave Reine de Scuderi. *Paris*, 1660, 8 *vol. in* 8.

463 L'Amour sans foiblesse, par l'Abbé de Villars. *Par.* 1761, 2 *vol. in* 12.

464 L'Antiope de Guerin. *Paris*, 1664, 4 *vol. in* 8.

465 Apollonius de Tyr, par le Brun. *Par.* 1710, *in* 12.

466 Ariane de Desmarets. *Paris*, 1724, 3 *vol. in* 12, *fig.*

467 L'Astrée de d'Urfé. *Paris*, 1647, 5 *vol. in* 8, *fig.*

468 La nouvelle Astrée. *Paris*, 1713, *in* 12.

469 Axiane. *Paris*, 1647, *in* 8.

470 Cassandre de la Calprenede. *Paris*, 1648, 10 *vol. in* 8.

471 Clelie de Scudery. *Paris*, 1654, 10 *vol. in* 8.

472 Cleopatre de la Calprenede. *Paris*, 1657, 10 *vol. in* 8.

473 Climandor, ou l'Histoire des Princes. *Paris*, 1628, *in* 8.

474 Arthamene, ou le grand Cyrus de Scudery. *Paris*, 1656, 10 *vol. in* 8.

475 La Cytherée de Gomberville. *Paris*, 1642, 4 *vol. in* 8.

476 Faramond de la Calprenede. *Paris*, 1661, 12 *vol. in* 8.

477 Ibrahim, ou l'illustre Bassa de Scudery. *Par.* 1723, 4 *vol. in* 12.

478 Ipsilis & Alixée par des Escuteaux. *Poitiers*, 1623, *in* 12.

479 Laodice de Pelisseri. *Paris*, 1660, *in* 8.

480 Mathilde d'Aguilar de Scudery. *Paris*, 1702, *in* 8.

481 Rodogune, par d'Aigue d'Iffremont. *Paris*, 1667, 2 *vol. in* 8, *fig.*

482 Le Roman Héroïque, par de Logeas. *Paris*, 1632, *in* 8.

483 Tarsis & Zelie de le Vayer. *La Haye*, 1720, 3 *vol. in* 12.

484 Le Toledan, ou D. Juan d'Autriche. *Par.* 1654, 4 *vol. in* 8.

Romans d'Amour.

485 Funestes effets de l'Amour. *Amst.* 1720, *in* 12.

486 Amours des Dieux & des Déesses de la Serre. *Paris,* 1624 & 1626, 2 *vol. in* 12.

487 Axiamire. *Paris,* 1675, 2 *vol. in* 12.

488 Celise ou l'Amante fidelle. *Paris,* 1713, *in* 12.

489 Cleandre & Caliste. *Amst.* 1722, *in* 12.

490 Histoire Africaine de Cleomede & Sophonisbe, par Gerzan. *Paris,* 1628, 2 *vol. in* 12.

491 Ecole d'Amour. *Grenoble,* 1665, *in* 12.

492 L'Endimion de Gombaut. *Paris,* 1622, *in* 8.

493 L'Ellebore pour nos mal-contens, cueilli au jardin d'un anti-Machiavel. *Paris,* 1632. Vie de Tiel, Ulespiegle. *Troyes,* 1626. Histoire de la belle Helene, 1635, *in* 12.

494 Histoire de Fortunatus. *Paris,* 1644, *in* 12.

495 La Comtesse de Gondez, par Mlle de Lussan. *Par.* 1725, 2 *vol. in* 12.

496 Les Ames rivales de M. de Moncrif, 1738. Le Temple de Gnide de Montesquieu, *in* 12.

497 Histoire d'une Grecque moderne, par l'Abbé Prevôt. *Amst.* 1740, 2 *vol. in* 12.

498 Le Jaloux par force, & la Chambre de justice de l'Amour, *in* 12.

499 Leonidas & Sophronie. *Paris,* 1722, *in* 12,

500 Avantures guerrieres & amoureuses de Lycide. *Par.* 1623 *in* 12.

501 Philaxandre de la Charnaye. *Paris,* 1625, *in* 12.

502 La Paysanne parvenue du Chevalier de Mouhy. *Amst.* 1741, 2 *vol. in* 12.

503 Amours de Pistion & de Fortunée, par du Perier. *Paris,* 1606, *in* 12.

504 Travaux d'Aristée & d'Amarille, par Cury. *Paris,* 1619, *in* 12.

505 Les Travaux sans travail, par Daviti. *Lyon,* 1599, *in* 12.

506 Les Veillées de Thessalie, par Madame de Lussan. *Paris,* 1741, 4 *vol. in* 12.

507 Œuvres de Villedieu. *Par.* 1721, 12 *vol. in* 12.

508 Annales galantes de Villedieu. *Paris,* 1670, 2 *vol. in* 12.

509 Henriette Sylvie de Moliere, par la même. *Amst.* 1633, 2 *vol. in* 12

510 Amours des grands hommes, par la même. *Amst.* 1692, *in* 12.

511 Voyages de campagne de Madame de Murat. *Paris,* 1699 , 2 *vol. in* 12.

Romans Historiques.

512 Recueil de Romans historiques, 1746 , 8 *vol. in* 12.
513 Vie & infortunes d'Abailard. *Anvers,* 1638, *in* 12.
514 Mémoires du Marquis d'Argens, 1735, *in* 12.
515 Les illustres Avanturieres (les Dlles Mancini.) *Cologne,* 1701, *in* 12.
516 Catherine de Bourbon, Duchesse de Bar, par Mlle de la Force. *Nancy,* 1703, *in* 12.
517 Le galant Escroc, ou le faux Comte de Brion, 1676, *in* 12.
518 Le Siege de Calais, par M^{de}. de Tencin. *La Haye,* 1739 , *in* 12.
519 La Princesse de Cleves, par Madame de la Fayette, Segrais, &c. *Paris,* 1715, *in* 12.
520 Avantures d'Italie de Dassoucy. *Par* 1677, *in* 12.
521 Histoire de la Dragonne. *Par.* 1703, *in* 12.
522 Le Comte de Dunois, par Madame de Murat *Par.* 1671, *in* 12.
523 Le Chevalier des Essarts & la Comtesse de Bercy. *Amst* 1735, 2 *vol. in* 12.
524 La Duchesse d'Estramene, par Duplaisir. *Par.* 1682, 2 *vol. in* 12
525 Avantures d'Eumene & de Flora, ou intrigues amoureuses d'une grande Princesse de notre siecle, avec le Secrétaire des Demoiselles. *Cologne,* 1706, *in* 12.
526 Histoire des Favorites, par Mlle de la Rocheguilhen. *in* 12, *fig.*
527 La Marquise de Fresne, par Courtilz, 1701, *in* 12.
528 Le Comte de Genevois & Mlle d'Anjou *Par.* 1680, *in* 12.
529 Gerard Comte de Nevers, *in* 12.
530 Le Guerrier philosophe, par Jourdan. *La Haye,* 1744 , 2 *vol. in* 12.
531 Le Voyage de Guibrai, 1704, *in* 16.
532 Mémoires d'un homme de qualité, avec l'Histoire

D

de Manon Lescaut, par l'Abbé Prevot. *Par.* 1732, 7 *tom. en* 6 *vol. in* 12.

533 La Comtesse de Janissanta, par le Comm. de Vigna-court. *Amst.* 1722, 2 *vol. in* 12.

534 Mahmoud le Gasnevide, par Melon. *Rotterd.* 1729, *in* 8.

535 Histoire de Marguerite de Valois, par Mlle de la Force. *Par.* 1720, 4 *vol. in* 12.

536 Le Roman de Melusine. *Par.* 1637, *in* 12.

537 La Princesse de Montpensier, par Mad. de la Fayette & Segrais. *Par.* 1723. Amaranthe. *Par.* 1715, *in* 12.

538 L'illustre Mousquetaire. *Par.* 1697, *in* 12.

539 Le Duc de Nemours & la Marquise de Poyanne, par Courtilz, 1715, *in* 12.

540 La Princesse de Portien. *Paris,* 1724, *in* 12.

541 Madame de Ravesan. *Par.* 1679, *in* 12.

542 Mémoires du Chevalier de T... *La Haye,* 1738, *in* 12.

543 La Comtesse de Vergy, par le Commandeur de Vignacourt. *Par.* 1722, *in* 12.

544 Adelaïde de Messine. *Amst.* 1742, *in* 12, *fig.*

545 Beralde de Savoie. *Par.* 1672, 2 *vol. in* 12.

546 Mémoires de la Connétable Colonne. *Cologne,* 1676, *in* 12.

547 La Duchesse de Milan, par de Prechac. *Par.* 1682, *in* 12.

548 La Princesse de Monferrat. *Par.* 1667, 3 *v. in* 12.

549 Le Comte Roger. *Amst.* 1678, *in* 12.

550 Avantures de Rozelli. *Amst.* 1719, 4 *vol. in* 12.

551 Mémoires de la Cour d'Espagne, par Mad. d'Aulnoy. *Par.* 1690, 2 *vol. in* 12.

552 L'ambitieuse Grenadine, par de Prechac, *in* 12.

553 Germaine de Foix, par Baudot de Juilly, *in* 12.

554 D. Juan d'Autriche, par Courtin *Par.* 1679, *in* 12.

555 Zayde par la Fayette & Segrais. *Par.* 1670, 2 *v. in* 12.

556 Daumalinde, par Mad. de S. Martin. *Paris,* 1691, 3 *vol. in* 12.

557 D. Sebastien, Roi de Portugal. *Lyon,* 1679, *in* 12.

558 Histoire du Prince Charles & de l'Impératrice Douairiere. *Cologne,* 1676, *in* 16.

559 Ravissement de l'Helene d'Amsterdam. *Amst.* 1683, *in* 12, *fig.*

560 Le beau Polonois, par de Prechac. *Par.* 1680, *in* 12.

561 Cafimir, Roi de Pologne, par Roufſeau de la Va-
lette. *Par.* 1679, *in* 12.

562 Venda, Reine de Pologne, par la Rocheguilhen.
La Haye, 1713. Lettre ſur la Comete, 1742, *in* 12.

563 Mémoires de la Cour d'Angleterre, par Madame
d'Aulnoy. *La Haye*, 1695, 2 *vol. in* 12.

564 Milord Courtenay, par le Noble. *Lyon*, 1697, *in* 12.

563 * Hiſtoire du Comte d'Ulfeld & du Comte d'Eſſex,
par Roufſeau de la Valette. *Par.* 1681, *in* 12.

564 * Hippolyte Comte de Duglas, par Mad. d'Aulnoy.
Par. 1699, 2 *vol. in* 12.

565 Marguerite d'Anjou, Reine d'Angleterre, par l'Abbé
Prevot. *Amſt.* 1740, 2 *vol. in* 12.

566 Cleveland de l'Abbé Prevot. *Par.* 1731, 8 *vol. in* 12.

567 Le Doyen de Killerine, du même. *Paris*, 1735, 3
vol. in 12.

568 Le Duc d'Ormond. *Paris*, 1724, 2 *vol. in* 12.

569 La Ducheſſe de Portſmouſt, 1691, *in* 12.

570 Le Comte de Varwick, par Mad. d'Aulnoy. *Paris*,
1729, *in* 12.

571 Cara Muſtapha, par Prechac. *Paris*, 1684, *in* 12.

572 Hiſtoire Negrepontique, ou Vie de Caſtriot, par
Baudouin. *Paris*, 1631, *in* 12.

573 Arboflede, 1741, *in* 12.

574 Les Eſclaves, ou Hiſtoire de Perſe, par du Verdier,
Par. 1628, *in* 12.

575 Anecdotes Perſanes, par Madame de Gomez. *Par.*
1727, 2 *vol. in* 12.

576 Aſterie ou Tamerlan, par la Rocheguilhen. *Paris*,
1675, 2 *vol. in* 12.

577 Le Prince Kouchimen. *Par.* 1710, *in* 12.

578 Crementine, par Madame de Gomez. *Par.* 1728,
in 12, 2 *vol.*

579 Amoſis Prince Egyptien. *Par.* 1728. Hippalque Prince
Scythe, 1727, *in* 12.

580 Hiſtoire de Cuſihuarca, Princeſſe du Pérou, par de
Norſegue. *Par.* 1662, *in* 12.

581 Nouvelles de l'Amérique. *Rouen*, 1678, *in* 12.

Nouvelles.

579 * Contes & Nouvelles de Marguerite de Valois. *Amſt.*
1708, 2 *vol. in* 12, *fig.*

580 * Cent Nouvelles nouvelles de Madame de Gomez. *Par.* 1735, 10 *vol. in* 12.

581 * La nouvelle mer des Histoires. *Paris,* 1733 , 6 parties en 3 *vol. in* 12

582 Les Nouvelles de la Princesse Alcidiane. *Anvers,* 1702, *in* 8.

583 Amours diverses, par de Nerveze. *Paris,* 1611, 3 *vol. in* 12.

584 Nouvelles amoureuses & galantes. *Par.* 1679, *in* 12.

585 Amours & intrigues des domestiques des grandes maisons de ce tems. *Par.* 1633, *in* 12.

586 Histoires galantes nouvelles & véritables. *Amst.* 1720, *in* 12.

587 Histoires françoises , galantes & comiques. *Amst.* 1710, *in* 12.

588 Lettre à Madame, contenant deux Histoires Françoises. *La Haye.* 1739, *in* 16.

589 Les effets de la fortune, par Chevreau. *Paris,* 1656, *in* 8.

590 Avantures choisies *Cologne,* 1722, *in* 12.

591 Histoire des Amans volages, par de Rosset. *Paris,* 1633, *in* 8.

592 Les plaisirs & les chagrins de l'amour. *Amst.* 1722, 2 *vol. in* 12.

593 L'Amant oisif, par de Garonville. *Par.* 1671, 3 *vol. in* 12.

594 Avantures de Calliope. *Par.* 1720, *in* 12.

595 Les Confessions du Comte de ... par Duclos. *Amst.* 1742, *in* 12.

596 Epigone, par Guttin. *Par.* 1659, *in* 8.

597 L'Horoscope accompli, par la Rocheguilhen. *Par.* 1713, *in* 12.

598 Le Page disgracié de Tristan. *Par.* 1643, *in* 12.

599 Pluton Maltotier, 1708, *in* 12.

600 Le Puits de la vérité, par du Fresny. *Paris,* 1699, *in* 12.

601 Le Solitaire. *Par.* 1677, *in* 12.

602 Turia vestale. *Paris,* 1722, *in* 12.

603 Le Voyage de l'Isle d'Amour, par l'Abbé Tallemant. *Par.* 1713, *in* 12.

Romans Italiens & Espagnols.

604 Les désespérés, trad. de Marini par la Serre. *Paris,*
1712, *in* 12 *fig.*

605 Mémoires de Gaudentio di Lucca, par Dupuy d'Em-
portes, 1746, 2 *vol. in* 12.

606 La Rosalinde, imitée de l'Italien. *La Haye,* 1732,
2 *vol. in* 12.

607 Vida de D. Quixote de la Manca, por Miguel de
Cervantes. *En Leon,* 1736, 2 *vol in* 8.

608 Histoire de D. Quichotte, par Filleau de S. Martin.
Par. 1732, 5 *vol in* 12.

609 Gusman d'Alfarache de M. Aleman. *Par.* 1733, 3
vol. in 12, *fig*

610 Nouvelles de Cervantes. *Paris,* 1723, 2 *vol. in* 12,
fig.

611 Œuvres de Quevedo, par Raclot. *Bruxelles,* 1699,
in 12.

612 Histoire de Tiran le Blanc, 1733, 2 *vol. in* 8.

613 La Diane de Montemaior, par Madame de Saintonge.
Paris, 1699 *in* 12.

614 Lazarille de Tormes *Bruxelles,* 1739, *in* 12. *fig.*

615 La Narquoise Justine d'André Perez. *Paris,* 1635,
in 12.

616 Le Diable boiteux de le Sage. *Par.* 1726, 2 *vol. in* 12.

617 Avantures de Luzman, trad. de l'Espagnol de Con-
treras par Chapuis, *in* 12.

Romans Anglois.

618 L'Argenis de Barclay, par l'Abbé Josse. *Chartres,*
1732, 3 *vol. in* 12.

619 Vie d'Euphormion. *Amst.* 1711, *in* 12

620 L'Arcadie de Pembrock, par Baudouin. *Par.* 1624,
3 *vol. in* 8.

621 Voyages de Gulliver de Swift, par l'Abbé des Fon-
taines, 1727, 2 *vol. in* 12.

622 Histoire de Tom-Jones, trad. de Fielding, par de
la Place. *Londres,* 1750. 4 *vol. in* 12.

623 Avantures d'Andrews, trad. de Fielding. *Londres,*
1743, 2 *vol. in* 12.

624 Vie de David Simple, par de la Place, 1749, 2 *vol. in* 12.

625 Pamela, par l'Abbé Prevot. *Londres*, 1742, 2 *vol. in* 12.

626 Vie de Robinson. *Paris*, 1720, 2 *vol. in* 12.

627 Les heureux Orphelins de Crebillon. *Bruxelles*, 1754, 2 *vol. in* 12.

Contes des Fées.

628 Contes de Perault. *Amft.* 1721, *in* 12.

629 Contes des Fées de Madame d'Aulnoy. *Par.* 1715, 4 *vol. in* 12.

630 Le Prince glacé, la Princeffe Lionnette. *La Haye*, 1743, *in* 12.

631 La Princeffe fenfible, 1743, *in* 12.

632 Contes des Fées de Madame de Murat. *Par.* 1724, *in* 12.

633 Sans Parangon, la Reine des Fées, par de Prefchac. *Par.* 1724, *in* 12.

634 Trois nouveaux Contes de Fées, par Mad. Lentot. Le Songe d'Alcibiade, par le Prince de Grimberg, *Par.* 1735, *in* 12.

635 Deux Contes de cette année, l'Homme de bois & la gageure des Fées. *Amft.* 1700, *in* 12.

636 Les Soirées Bretonnes, par Gueulette. *Paris*, 1712, *in* 12.

637 Voyage de Fanferedin dans la Romancie, par le P. Bougeant. *Par.* 1735, *in* 12.

638 Les mille & une Nuits, par Galland. *Par.* 1726, 6 *vol. in* 12.

639 Mille & un Jours, par Petis de la Croix. *Par.* 1729, 5 *vol. in* 12.

640 Mille & un quart d'heure, par Gueulette. *Par.* 1730, 3 *vol. in* 12.

641 Les Sultanes de Guzarate, par le même. *Par.* 1732, 3 *vol. in* 12.

642 Avantures d'Abdalla, par Sandiffon. *Paris*, 1723, *in* 12. *fig.*

643 La Sultane de Perfe & les Vifirs, par Galland. *Utrecht*, 1736, *in* 12.

644 Guliftan ou l'empire des Rofes, par Sady, trad. par du Ryer. *Par.* 1634, *in* 8.

645 Avantures du Mandarin Fum-Hoam, par Gueulette.
Par. 1723, 2 *vol. in* 12, *fig.*

Romans comiques & facétieux.

646 Le facétieux Réveil-matin des esprits mélancoliques,
Rouen, in 12.

647 Histoire de Francion, par Sorel. *Leide,* 1721, 2 *vol.
in* 12, *fig.*

648 Œuvres de Brufcambille, par Deflauriers. *Lyon,*
1634, *in* 12.

649 Gongam, ou l'homme prodigieux, par Bordelon.
Paris, 1713, 2 *vol. in* 12.

650 Les Tours de Maître Gonin, par le même. *Amft.*
1713, 2 *vol. in* 12.

651 Histoire de Gilblas, par le Sage. *Par.* 1732, 4 *vol.
in* 12.

652 Le Bachelier de Salamanque, par le même. *Paris,*
1736, *in* 12.

Bons Mots.

653 La maniere de bien penser, par Bouhouts. *Par.* 1735,
in 12.

654 Les Apophthegmes des Anciens, par Perrot d'Ablan-
court. *Par.* 1664, *in* 4.

655 Penfées ingénieufes, recueillies par Bouhours. *Paris,*
1734, *in* 12.

656 Entretiens d'Arifte & d'Eugene, du même. *Par.* 1734,
in 12.

657 Des bons Mots & des bons Contes, par de Callieres.
Paris, 1699, *in* 12.

658 Bons Mots Orientaux, par Galland. *La Haye,* 1694,
in 12.

659 Menagiana. *Paris,* 1729, 4 *vol. in* 12.

660 Bons Mots de Santeuil. *Cologne,* 1738, *in* 12.

Satyres & Dialogues.

661 Petrone, Lat. Fr. de Nodot, 1713, 2 *vol. in* 12.

662 Banquet diffolu des Cimmeriens, par Pelloquin. *Par.*
1613, *in* 16.

663 L'Ane d'Or d'Apulée, par de S. Martin. *Par.* 1707, 2 *vol. in* 12, *fig.*

664 Le Conte du Tonneau de Swift *La Haye*, 1732, 2 *vol in* 12.

665 La Cotterie des Antifaçonniers. *Bruxelles*, 1719. Evandre & Folvie, 1728, *in* 12.

666 Le Chef d'œuvre d'un inconnu, par de S. Hyacinthe. *La Haye*, 1744, 2 *vol. in* 12.

667 Dialogues de Lucien, par Perrot d'Ablancourt. *Par.* 1674, 3 *vol. in* 12.

668 Les Colloques d'Erasme, par Gueudeville. *Leyde*, 1720, 6 *vol. in* 12.

669 Dialogues des Morts de Fenelon. *Paris*, 1718, 2 *v. in* 12.

670 Livre fans nom en cinq Dialogues. *Par.* 1695, *in* 12.

Polygraphes.

671 Les Serées de du Bouchet. *Par.* 1608, 2 *vol. in* 12.

672 L'Ombre de Mlle de Gournay. *Paris*, 1626, *in* 12.

673 Œuves de Balzac. *Paris*, 1665, 2 *vol. in fol.*

674 Œuvres de Voiture. *Paris*, 1729, 2 *vol. in* 12.

675 Œuvres de Sarrafin. *Paris*, 1696, *in* 12.

676 Œuvres de Scarron. *Paris*, 1731, 12 *vol. in* 12.

677 Œuvres de Rapin. *Amft.* 1693, 4 *vol. in* 12.

678 Œuvres mêlées de Temple. *Utrecht*, 1693, 2 *vol. in* 12.

679 Œuvres de Segrais. *Amft.* 1723. *in* 12.

680 Œuvres de S. Évremond, 1740, 10 *vol. in* 12.

681 Œuvres de S. Réal *Par.* 1730. 5 *vol. in* 12.

682 Diverfités curieufes, par Goupille. *Par.* 1696, 3 *vol. in* 12.

683 Opufcules du P. Bouhours. *Paris*, 1684, *in* 12.

684 Œuvres de la Motte *Par.* 1754 11 *vol. in* 12.

685 Œuvres du Comte Hamilton. *Par.* 1731, 5 *vol. in* 12.

686 Œuvres de Fontenelle. *Paris*, 1724, 2 *vol. in* 12.

Epiftolaires.

687 Œuvres de M. de Sacy. *Par.* 1722, *in* 4.

688 Epitres de Sénéque, trad. par Malherbe. *Lyon*, 1661, *in* 12.

689 Lettres de Buffy-Rabutin. *Paris*, 1737, 7 *vol. in* 12.
690 Lettres de Racine & Mémoires fur fa vie. *Laufanne*, 1747, 2 *vol. in* 12.
691 Lettres de Sevigné. *Par.* 1754, 8 *vol. in* 12.
    Lettres de la même à M. de Pomponne, *in* 12 br.
692 Lettres de Bourfault. *Paris*, 1697, *in* 12.
693 Lettres de Madame du Noyer. *Lond.* 1739, 6 *vol. in* 12.
694 Lettres de Pope, trad. par Genet. *Par.* 1753, *in* 12.
695 Lettres Perfanes, par M. de Montefquieu, 1730, *in* 12.
696 Cent Lettres d'amour d'Evandre à Cleanthe, *Paris*, 1646, *in* 8.
697 La Caffette de Bijoux. *Par.* 1668, *in* 12.
698 Lettres fur les François, les Anglois & les Voyages par Muralt, 1725, *in* 8.
699 Le commerce galant d'Iris & de Timandre. *Paris*, 1682, *in* 12.
700 Lettre de la Marquife de . . . par Crebillon. *La Haye*, 1738, *in* 12.

HISTOIRE.

701 GRAMMAIRE Géographique de Gordon, par Puifieulx. *Par.* 1748, *in* 8.
702 Méthode pour étudier la Géographie, par l'Abbé Lenglet. *Par.* 1742, 7 *vol. in* 12.
703 Atlas hiftorique de Gueudeville. *Amft.* 1713, 4 *vol. in fol.*
704 Atlas de Guillaume de Lifle, *in fol.*
705 Atlas de Samfon, *in fol.*
706 Atlas d'Homan, *in fol.*
707 Atlas portatif de Robert. *Paris*, 1748, *in* 8.
708 Dictionnaire Géographique de Vofgien. *Par.* 1747, *in* 8.
709 Hiftoire des Voyages, par l'Abbé Prevôt. *Par.* 1746 & *fuiv.* 72 *vol. in* 12.
710 Voyage autour du monde de Voodes Rogers. *Amft.* 1716, 2 *vol. in* 12.
711 Voyage autour du Monde d'Anfon, publié par Walter. *Amft.* 1749, *in* 4.

E

712 Voyage d'Italie de Miſſon. *La Haye*, 1731, 4 *vol. in* 12.

713 Voyage en France, en Italie, &c. par Jouvin de Rochefort. *Par.* 1682, 6 *vol. in* 12.

714 Voyage d'Eſpagne, par Madame d'Aulnoy. *Paris*, 1699, 3 *vol. in* 12.

715 Relations d'Allemagne, d'Angleterre, &c. par Patin, *Lyon*, 1674, *in* 12.

716 Relation de voyages en Hongrie, par Brown. *Paris*, 1674, *in* 4.

717 Voyage au Levant de Tournefort. *Lyon*, 1717, 3 *vol. in* 8.

718 Voyage de Conſtantinople de Grelot. *Paris*, 1689, *in* 4.

719 Voyage d'Alep à Jeruſalem, par Maundrell. *Paris*, 1706, *in* 12.

720 Voyage de Paul Lucas en 1714. *Rouen*, 1724, 3 *vol. in* 12.

721 Voyage de l'Arabie heureuſe, avec un Mémoire ſur le Caffé, par la Roque. *Paris*, 1716, *in* 12.

722 Voyages de Tavernier. *Rouen*, 1724, 6 *vol. in* 12.

723 Voyages de Chardin. *Amſt.* 1711, 3 *tom. en* 2 *vol. in* 4.

724 Recueil de Voyages de la Compagnie des Indes Hollandoiſe. *Amſt.* 1702, 5 *vol. in* 12.

725 Voyage d'Evert Isbrand à la Chine. *Amſt.* 1699, *in* 12.

726 Ambaſſade de M. de Chaumont à Siam. *Par.* 1696, *in* 12.

727 Voyages de Siam du P. Tachard. *Par.* 1686, 2 *vol. in* 4.

728 Voyage de Siam de l'Abbé de Choiſy. *Trevoux*, 1741, *in* 12.

729 Lettres édifiantes. *Par.* 1717 *& ſuiv.* 28 *Recueils en* 26 *vol. in* 12.

730 Voyages aux Iſles de l'Amérique, par Labat. *Paris*, 1742, 8 *vol. in* 12.

731 Voyages à la Baye d'Hudſon, par Ellis. *Par.* 1749. 2 *vol. in* 12.

Histoire Universelle.

732 Discours sur l'Histoire universelle, par Bossuet. *Par.*
1752, 2 *vol. in* 12.

733 Histoire universelle de Diodore de Sicile, par Ter-
rasson. *Paris*, 1737, 7 *vol. in* 12.

734 Principes de l'Histoire de Lenglet. *Paris*, 1736, 6
vol. in 12.

735 Abrégé chronologique de l'Histoire universelle de
Petau, par Maucroix. *Paris*, 1683, 2 *vol. in* 12.

736 Les Souverains du monde. *Paris*, 1734, 5 *v. in* 12.

737 Histoire universelle de Delisle. *Amst.* 1736, 7 *v. in* 12.

738 Histoire universelle de Puffendorf, par la Marti-
niere. *Amst.* 1743, 10 *vol. in* 12.

739 Mémoires pour l'Histoire de l'Europe, depuis 1600
jusqu'en 1716, par le P. Davrigny. *Amst.* 1731, 4. *v.*
in 12.

740 L'Espion Turc de Marana. *Cologne*, 1731. 6 *v. in* 12.

741 Recueil d'Observations sur tous les peuples du Mon-
de, par l'Abbé Lambert. *Paris*, 1740, 4 *vol. in* 12.

742 Cérémonies des Nations, par les Abbés le Mascrier
& Banier. *Paris*, 1741, 7 *vol. in fol. fig.*

Histoire Sainte & Ecclésiastique.

743 Histoire de l'Ancien Testament, par Arnaud d'An-
dilly. *Par.* 1675, *in* 4.

744 Histoire du Peuple de Dieu, depuis son origine jusqu'à
la naissance du Messie, par Berruyer. *Par.* 1728, 8 *v.*
in 4.

745 Histoire du Peuple de Dieu de Berruyer. (Nouveau
Testament). *La Haye*, 1753, 7 *vol. in* 12, *manque*
le huitieme volume.

746 Histoire du Peuple de Dieu (Epitres de S. Paul), par
Berruyer. *Amst.* 1758, 5 *vol. in* 12.

747 Histoire des Juifs de Joseph, par Arnaud. *Par.* 1735,
5 *vol. in* 12.

748 Histoire des Juifs depuis J. C. jusqu'à présent, par
Basnage. *Rotterdam*, 1707, 6 *vol. in* 12.

749 La Vie de Salomon de l'Abbé de Choisi. *Paris*,
1687, *in* 8.

750 Mœurs des Israëlites & des Chrétiens, par M. de
Fleury. *Par.* 1712, 2 *vol. in* 12.

751 Hiftoire de l'Eglife de l'Abbé de Choify. *Par.* 1740, 11 *vol. in* 4.

752 Mémoires pour l'Hiftoire Eccléfiaftique, depuis 1600 jufqu'à 1716, par Davrigny, 1739, 4 *vol. in* 12.

753 Journal des Saints de Groiez. *Lyon,* 1725, 3 *v. in* 12.

754 Vies des Saints, par Fontaine. *Par.* 1714, 5 *v. in* 8.

755 Hiftoire des Conclaves, depuis Clement V jufqu'à Clement XI. *Cologne,* 1703, 2 *vol. in* 12, *fig.*

756 Les Hiftoires de Maimbourg *Par.* 1694, 14 *v. in* 4.

757 Schifme d'Occident, Schifme des Grecs, décadence de l'Empire, Hiftoire de la Ligue, les Croifades, l'Arianifme, les Iconoclaftes, du meme. *Par.* 1679, 17 *vol. in* 12.

758 Hiftoire des variations des Eglifes proteftantes, avec les avertiffemens aux Proteftans, de Boffuet. *Paris,* 1730, 4 *vol. in* 12.

759 Hiftoire des Anabaptiftes & des Trembleurs, par le P. Catrou. *Par.* 1733, 3 *vol. in* 12.

760 Hiftoire des Ordres Religieux, par Herman. *Rouen,* 1727, 4 *vol. in* 12.

761 Condamnation dee Templiers, par Dupuis. *Bruxell.* 1723, 2 *vol. in* 12.

762 Hiftoire des Chevaliers de Malthe, par Vertot. *Par.* 1737, 7 *vol. in* 12.

763 Hiftoire de P. d'Aubuffon, Grand-Maître de Rhodes, par Bouhours. *Paris,* 1676, *in* 4.

764 Hiftoire de l'Ordre du S. Efprit, par Saint-Foix. *Par.* 1767, *in* 12.

765 Statuts de l'Ordre du S. Efprit. *Par.* 1740, *in* 4. *mar.*

Hiftoire Ancienne & Grecque.

766 Hiftoire ancienne de Rollin. *Paris,* 1730, 14 *vol. in* 12.

767 Herodote de du Ryer. *Par.* 1677, 3 *vol. in* 12.

768 Thucidide de Seyffel. *Paris,* 1559, *in fol.*

769 Cyropédie de Xenophon, par Charpentier. *Paris,* 1732, *in* 12.

770 Retraite des dix Mille, du même, par Perot d'Ablancourt. *Par.* 1695, *in* 12.

771 Guerres d'Alexandre d'Arrian, par Perot d'Ablancourt, *Paris,* 1664, *in* 12.

772 Quinte-Curce de Vaugelas, avec les supplémens de Freinshemius, par du Ryer. *Paris*, 1738, 2 *vol. in* 12.

773 Histoire des Amazones, par Chaffipol. *Paris*, 1768, 2 *vol. in* 12.

Histoire Romaine.

774 Histoire Romaine & Grecque de Velleius Paterculus *Par.* 1671, *in* 12.

775 Eutrope, trad. en Fr. *Paris*, 1710, *in* 16.

776 Antiquités Romaines de Denys d'Halicarnaffe, par le Jay. *Paris*, 1722, 2 *vol. in* 4.

777 Histoires de Polybe, trad. par D. Thuilier, avec le Commentaire de Folard. *Par.* 1727, 6 *v. in* 4. *fig.*

778 Tite-Live de du Ryer. *Amft.* 1722, 8 *vol. in* 12.

779 Révolutions Romaines de Vertot. *Paris*, 1734, 3 *vol. in* 12.

780 Histoire de Ciceron (par l'Abbé Prevôt) trad. de Midleton. *Paris*, 1749, 4 *vol. in* 12.

781 Saluftius. *Parifiis*, 1711, *in* 16.

782 Cæfar. *Parifiis*, *in* 12.

783 Cefar de Perot d'Ablancourt. *Par.* 1671, 2 *vol. in* 12.

784 Histoire des deux Triumvirats, de Citri de la Guette. *Amft.* 1715, 4 *tom. en* 2 *vol. in* 12.

785 Suetone, trad. en Fr. *Paris*, 1688, *in* 12.

786 Histoire Romaine de Rollin & Crevier. *Par.* 1738, 16 *vol. in* 12.

787 Histoire des Empereurs, de Crevier. *Paris*, 1749, 10 *vol. in* 12.

788 Tacite d'Amelot de la Houffaye. *Amft.* 1731, 10 *v. in* 12.

789 Herodien de Mongault. *Paris*, 1712, *in* 12.

790 Cefars de l'Empereur Julien, par Spanheim. *Amft.* 1728, *in* 4. *fig.*

791 Vie de Julien de la Bletterie. *Paris*, 1746, *in* 12.

792 Histoire de Theodofe, par Flechier. *Paris*, 1734, *in* 12.

793 Histoire Romaine depuis la fondation de Rome jufqu'à la deftruction de Conftantinople, par L. Echard. *Par.* 1728, 16 *vol. in* 12.

794 Parallele des Romains & des François, par Mabli. *Paris*, 1740, 2 *vol. in* 12.

Histoire d'Italie.

795 Délices de l'Italie, par Rogiffart. *Paris*, 1707, 4 *vol. in* 12.

796 Guerres d'Italie de Guichardin. *Londres*, 1738, 3 *vol. in* 4.

797 Conjuration du Comte de Fiefque, par le Cardinal de Retz. *Paris*, 1665, *in* 12.

798 Hiftoire de Florence de Machiavel. *Amft.* 1694, *in* 12.

799 Anecdotes de Florence de Varillas. *La Haye*, 1687, *in* 12.

800 Monumens de Rome de Raguenet. *Par.* 1702, *in* 12.

801 Rome ancienne & moderne, par de Seine. *Leide*, 1713, 10 *vol. in* 12.

802 Vie de Sixte V, par Leti. *Paris*, 1741, 2 *vol. in* 12.

803 Mémoires du Duc de Guife, par Saint-Yon. *Paris*, 1668, *in* 12.

804 Défenfe de la Monarchie de Sicile, par Dupin, 1716, *in* 12.

805 Foreftiere illuminato nella città di Venezia da S. B. Albrizzi. *Venezia*, 1740, *in* 12.

806 Hiftoire du gouvernement de Venife & des Ufcoques, par Amelot de la Houffaye. *Lyon*, 1740, 3 *vol. in* 12.

807 Vie du Comte de Soiffons pere du Prince Eugene. *Paris*, 1677, *in* 12.

Histoire de France générale.

808 Defcription de la France de Piganiol de la Force. *Par.* 1718, 7 *tom* en 8 *vol. in* 12.

809 Délices de la France. *Leyde*, 1728, 3 *vol. in* 12.

810 Etat de la France de Boulainvilliers. *Londr.* 1737, 6 *vol. in* 12.

811 Détail de la France de Boifguillebert, 1707, 1 *vol. in* 12.

812 Carte du Militaire de France, par Lemau de la Jaiffe, 1733, *in fol.*

813 Etat de la France. *Paris*, 1722, 5 *vol. in* 12.

814 Hiftoire de France de Marcel. *Paris*, 1686, 4 *vol. in* 12.

815 Hiftoire de France du P. Daniel. *Par.* 1722, 7 *v. in* 4.

816 La même abrégée. *Paris*, 1731, 9 *vol. in* 12.
817 Histoire de France de Boulainvilliers. *La Haye*, 1733,
3 *vol. in* 12.
818 Histoire de France de Chalons. *Paris*, 1720, 3 *vol.
in* 12.
819 Histoire de France du Pr. Henaut *Paris*, 1744, *in* 8.
820 Histoire de France de Velly, Villaret, &c. *Paris*,
1755, 20 *vol. in* 12.
821 Révolutions de France de la Hode. *La Haye*, 1738,
4 *vol. in* 12.
822 Ancien gouvernement de France, & Mémoires pré-
sentés à M. le Duc d'Orléans, par M. de Boulainvil-
liers. *La Haye*, 1727, 5 *vol. in* 12.
823 Galanteries des Rois de France, par Sauval. *Paris*,
1731, 2 *vol. in* 12.

Histoire particuliere des Rois de France.

824 Histoire de Charlemagne de la Bruere. *Paris*, 1745,
2 *vol. in* 12.
825 Histoire de Philippe Auguste, par Baudot de Juilly.
Par. 1702, 2 *vol. in* 12.
826 Anecdotes de Philippe Auguste, par Mlle de Lussan.
Paris, 1638, 7 *vol. in* 12.
827 Vie de Suger, par Gervaise. *Paris*, 1721, 3 *vol. in* 12.
828 Eleonore heritiere de Guienne, par Larrey. *Rotterd.*
1692, *in* 12.
829 Blanche Infante de Castille, par le Baron d'Auteuil.
Par. 1664, *in* 4.
830 Histoire de S. Louis de Joinville, par Menard. *Par.*
1617, *in* 4.
831 —— La même, par l'Abbé de Choisy. *Par.* 1690, *in* 4.
832 Demêlés de Boniface VIII & de Philippe-le-Bel. *Par.*
1718, *in* 12.
833 Histoire de Philippe de Valois & du Roi Jean, par
l'Abbé de Choisy. *Paris*, 1688, *in* 4.
834 Histoire de Bertrand du Guesclin, par Destouteville,
mise en lumiere par Menard. *Par.* 1618, *in* 4.
835 Histoire de Charles V, par l'Abbé de Choisy. *Par.*
1689, *in* 4.
836 Histoire de Charles VI, du même. *Par.* 1695, *in* 4.
837 Œuvres d'Alain Chartier. *Paris*, 1617, *in* 4.

838 Journal de Paris fous Charles VI & Charles VII. *Paris*, 1629, *in* 4.

839 Hiftoire de Charles de VII de Baudot de Juilly. *Par.* 1697, 2 *vol. in* 12.

840 Hiftoire de Charles VII, par Godefroi. *Paris*, 1661, *in fol.*

841 Hiftoire de Charles VIII, du même. *Paris*, 1684, *in fol.*

842 Mémoires de Comines, par Godefroy. *Bruxelles*, 1706, 3 *vol. in* 8.

843 Hiftoire de Louis XI, Louis XII, François I, Henri II, Charles IX & Henri III, par Varillas. *Par.* 1689, 12 *vol. in* 4, *manque le premier de Henri III.*

844 Hiftoire de Louis XI, 1620, *in* 12.

845 Anecdotes de François I, de Mlle de Luffan. *Londr.* 1748, 3 *v. in* 12.

846 Mémoires du Bellay. *Par.* 1588, *in fol.*

847 Hiftoire du Chevalier Bayard, par Videl. *Grenoble*, 1651, *in* 8.

848 Commentaires de Moutluc. *Par.* 1626, *in* 8.

849 Mémoires de Vieilleville, par Vincent Carloix. *Par.* 1757, 5 *vol. in* 12.

850 Vie du Duc de Guife, par Valincourt. *Par.* 1681, *in-* 12.

851 Mémoires de l'Amiral de Coligny. *Par.* 1665, *in* 16.

852 Hiftoire des troubles de France, depuis 1562 à 1570. *Baffe*, 1679, *in* 8.

853 Hiftoire de l'Ifle des Hermaphrodites, par Artus Thomas. *Cologne*, 1724, *in* 8.

854 Le Cabinet du Roi de France, dans leqnel il y a trois perles d'une valeur ineftimable, par Froumenteau. 1582, *in* 8.

855 Lettres de Paul de Foix, avec fon Oraifon funebre, par Muret, *Par.* 1628, *in* 4.

856 Mémoires de la Reine Marguerite. *Liege*, 1713, *in* 8.

857 Satyre Menippée, 2 *vol. in* 8, *manque le troifieme.*

858 Hiftoire de Henri IV, par Perefixe. *Par.* 1662, *in* 4.

859 Hiftoire de Monfieur de Thou. *Londres*, 1734, 16 *vol. in* 4.

860 Mémoires fur les affaires de France depuis 1607. *Paris*, 1634, *in* 12.

861 Mémoires de Sully. *Amft.* 1725, 12 *vol. in* 12.

862 Les mêmes, par l'Abbé de l'Ecluse. *Londres*, 1752, 8 *v. in* 12.

863 Négociations de Jeannin. *Amst.* 1695, 4 *vol. in* 12.

864 Mémoires de Villeroy. *Amst.* 1723, 7 *vol. in* 12.

865 Mémoires de l'Etoile. *Cologne*, 1719, 2 *vol. in* 8.

866 Histoire du Duc de Bouillon, par Marsollier. *Paris*, 1719, 3 *vol. in* 12.

867 Mémoires d'Aubigné. *Amst.* 1731, *in* 12.

868 Histoire universelle du même. *Maillé*, 1616, *in fol.*

869 Amours d'Henri IV, par la Princesse de Conti. *Leide*, 1663, *in* 12.

870 Mémoires de Duplessis-Mornay. *La Forest*, 1624, & *Amst. Elzevir.* 1652, 3 *v. in* 4, *manque le quatrieme vol.*

871 Histoire de Duplessis-Mornay, par Jean Daillé. *Leyde*, 1647, *in* 4.

872 Vie du Duc d'Epernon. *Par.* 1730, *in* 4.

873 Chronologie Septenaire, par Cayet. *Par.* 1605, *in* 8.

874 Le Mercure François, par Richer. 1612, 25 *v. in* 8.

875 Histoire de Louis XIII, par Dupin. *Par.* 1716, 7. *v. in* 12.

876 Histoire de Louis XIII de le Vassor. *Amst.* 1701, 10 *tom. en* 19 *vol. in* 12, *manque les deux premiers tomes.*

877 Mémoires du Maréchal d'Etrées. *Par.* 1666, *in* 12.

878 Mémoires de Pontchartrain. *La Haye*, 1720, 2 *v. in* 12.

879 Mémoires de Deageant. *Grenoble*, 1668, *in* 12.

880 Histoire des Favoris, avec la relation de la mort du Maréchal d'Encre, par Dupuy. *Leide*, 1659, *in* 4.

881 Histoire du Duc de Montmorency, par Ducros. *Par.* 1643, *in* 4.

881 * Mémoires pour servir à l'Histoire du Cardinal de Richelieu, par Aubery. *Par.* 1660, 2 *vol. in fol.*

882 Vie de Richelieu, par le Clerc. *Cologne*, 1696, 2 *vol. in* 12.

883 Lettres de Richelieu. *Par.* 1696, 2 *vol. in* 12.

884 Testament de Richelieu. *Amst.* 1696, *in* 12.

885 Le veritable Pere Joseph, par Richard. *La Haie*, 1705, *in* 12.

886 Mémoires de Bassompierre. *Cologne*, 1665, 2 *vol. in* 12.

887 Mémoires de Pontis. *Par.* 1715, 2 *vol. in* 12.

888 Mémoires de M. de B.... *Amst.* 1711, *in* 12.

889 Mémoires de la Porte. *Geneve*, 1755, *in* 12.
890 Mémoires de Montresor. *Cologne*, 1723, 2 *v. in* 12.
891 Mémoires du Duc de Bouillon, par Langlade. *Par.* 1692, *in* 12.
892 Mémoires de Brienne. *Amst.* 1719, 3 *vol. in* 12.
893 Mémoires de Puyfegur. *Par.* 1690, 2 *vol. in* 12.
894 Mémoires de Motteville. *Amst.* 1723, 5 *vol. in* 12.
895 Histoire de Mazarin, par Aubery. *Amst.* 1718, 3 *vol. in* 12.
896 Mémoires du C. de Retz. *Nancy*, 1717, 3 *v. in* 12.
897 Mémoires de Joly. *Cologne*, 1718, 2 *vol. in* 12.
898 Mémoires de la Duchesse de Nemours. *Cologne*, 1709, *in* 12.
899 Vie de la Duchesse de Longueville, par Villefore, 1737, *in* 12.
900 Jugement fur tout ce qui s'est imprimé contre le Card. Mazarin, par Naudé, *in* 4 *de* 717 *pages.*
901 Mémoires de Montpenfier. *Par.* 1728, 6 *tom. en* 3 *vol. in* 12.
902 Histoire de Fabert. *Amst.* 1697, *in* 12.
903 Le Sacre de Louis XIV. *Par.* 1717, *in* 12.
904 Le Siege d'Arras, 1654. Siege de Valence en 1656, celui de Dunkerque en 1658, par de la Menardiere. *Par.* 1672, *in* 8.
905 Lettres de Mazarin. *Amst.* 1693, 2 *vol. in* 12.
906 Mémoires de Bussy, avec le fupplément. *Par.* 1712, 4 *vol. in* 12.
907 Demêlé de France à Rome, au fujet de l'affaire des Corfes, par Regnier Defmarais, 1707, *in* 4.
908 Defcription de la Guerre des Pays-Bas, depuis 1664 jufqu'en 1667, *Amst.* 1668, *in* 8.
909 Négociations du Comte d'Eftrades. *La Haye*, 1719, 6 *vol. in* 12.
910 Mémoires de Beauveau. *Cologne*, 1688, *in* 12.
911 Histoire d'Henriette d'Angleterre, par la Fayette. *Amst* 1742, *in* 12.
912 Mémoires de Monglat. *Amst* 1727, 4 *vol. in* 12.
913 Mémoires d'Artagnan, par Courtilz. *Amst.* 1715, 3 *v. in* 12.
914 Mémoires de Montaufier. *Rotterd.* 1731, *in* 12.
915 Histoire du Prince de Condé, par Cofte. *Cologne*, 1694, *in* 12.

916 Histoire du Prince de Condé. *Cologne*, 1694, 2 *vol. in* 12.

917 Vie de Turenne, par du Buisson. *La Haye*, 1695, *in* 12.

918 La même, par Raguenet. *La Haye*, 1738, 2 *vol. in* 12.

919 Les deux dernieres Campagnes de M. de Turenne. *Strasbourg*, 1734, *in* 12.

920 Relation de la Campagne d'Allemagne & de Flandres en 1675 & 1676 *Cologne*, 1676, *in* 12.

921 Testament de Colbert, par Courtilz. *La Haye*, 1693, *in* 12.

922 Testament de Louvois, par Courtilz. *Cologne*, 1695, *in* 12.

923 Mémoires de la Fayette. *Amst.* 1731, *in* 12.

924 Mémoires de Gourville. *Par.* 1724, 2 *vol. in* 12.

925 Mémoires de Navailles. *Par.* 1701, *in* 12.

926 Lettres de Pelisson. *Par.* 1729, 3 *vol. in* 12.

927 Relation de la Bataille de Nerwinde. *Paris*, 1693, *in* 12.

928 Journal des Campagnes de Flandres 1690 à 1693. *Par.* 1740, *in* 12.

929 Mémoires de Chavagnac. *Besanç.* 1699, 2 *vol. in* 12.

930 Mémoires de J. B. la Fontaine, par Courtilz. *Cologne*, 1699, *in* 12.

931 Annales de la Cour & de Paris en 1697 & 1698, par Courtilz. *Amst.* 1702, 2 *vol. in* 12.

932 Histoire des intrigues de France dans les Cours d'Europe, 1713, *in* 8.

933 Guerre d'Italie. *Cologne*, 1707, *in* 12.

934 Actes de la Paix d'Utrecht, 1712, 4 *vol. in* 12.

935 Mémoires de Torcy. *La Haye*, 1757, 3 *vol. in* 12.

936 Dernieres Campagnes du Duc de Vendôme, par Bellerive. *Par.* 1715, *in* 12.

937 Mémoires de Forbin, par Reboulet. *Amst.* 1740, 2 *vol. in* 12.

938 Mémoires de Choisy. *Utrecht*, 1727, *in* 12.

939 Vertus du Duc de Bourgogne, par Martineau. *Paris*, 1712, *in* 12.

940 Mémoires de la Fare. *Amst.* 1734, *in* 12.

941 Mémoires & Lettres de Montpensier. *Amst.* 1736, 15 *vol. in* 12.

942 Mémoires de la Régence de Louis XIV. *La Haye,* 1736, *in* 12.

943 Vie du Duc d'Orléans Régent. *Londres,* 1736, 2 *vol. in* 12.

944 Histoire du syftême des Finances. *La Haye,* 1739, 6 *vol. in* 12.

945 Lettres de Filtz-Moritz, par Garnefay. *Rotterdam,* 1718, *in* 12.

946 Mémoires du Guay-Trouin, 1740, *in* 12.

947 Les mêmes 1746, *in* 12.

948 Mémoires de Berwick. *Londr.* 1738, 2 *vol. in* 12.

949 Mémoires de Villars. *Londr.* 1739, 3 *vol. in* 12.

Hiftoire des Provinces de France.

950 Recherches fur l'antiquité d'Abbeville, par Samfon. *Par.* 1636, *in* 12.

951 Hiftoire de la Nobleffe du Comtat Venaiffin & d'Avignon, par Pithon-Curt. *Par.* 1743, 4 *vol. in* 4.

952 Hiftoire de Bretagne, par Lobineau. *Paris,* 1707, 2 *vol. in fol.*

953 Mémoires de Champagne, par Baugier. *Châlons,* 1721, 2 *vol. in* 12.

954 Defcription de Fontainebleau, par Guilbert. *Paris,* 1731, 2 *vol. in* 12.

955 Hiftoire de Paris, par l'Abbé Desfontaines. *Paris,* 1735, 5 *vol. in* 12.

956 Hiftoire de N. Dame de Lieffe, par Villette. *Laon,* *in* 12.

957 Defcription des Invalides, par le Jeune de Boulencourt. *Par.* 1683, *in fol. fig.*

958 Nobiliaire de Picardie de M. de Caumartin, 2 *vol. in fol. gr. pap. avec l'armorial de Chevillard.*

959 Defcription de Verfailles, par Félibien. *Par.* 1696, *in* 12.

960 La même, par Piganiol de la Force. *Par.* 1741, 2 *vol. in* 12.

961 Labyrinthe de Verfailles. *Par.* 1619, *in* 8.

Mélanges sur l'Histoire de France.

962 Recherches de la France de Pasquier. *Par.* 1633, *in fol.*

963 Œuvres d'Etienne & Nicolas Pasquier. *Amst.* 1723, 2 *vol. in fol.*

964 Desseins de professions nobles & publiques, contenant plusieurs traités rares, par Laval. *Paris*, 1605, *in* 4.

965 Succession à la Couronne de France, par le Grand. *Par.* 1728, *in* 12.

966 Traité de la Majorité de nos Rois. *Amst.* 1722, 2 *vol. in* 8.

967 Histoire des Sacres de nos Rois. *Reims*, 1722, *in* 12.

968 Cérémonial de France, par Godefroi. *Par.* 1619. *in* 4.

969 Le même, 1649, 2 *vol. in fol.*

970 Histoire généalogique de la Maison de France & des grands Officiers de la Couronne, par le P. Anselme. *Paris*, 1674, 2 *vol. in* 4.

971 La même, 1712, 2 *vol. in fol.*

972 Essais sur la Noblesse de France, par Boulainvilliers. *Amst.* 1732, *in* 12.

973 Histoire de la Pairie de France & du Parlement de Paris, par Boulainvilliers. *Londres*, 1740, *in* 12.

974 Recueil sur les Pairs de France. *Par.* 1716, *in fol.*

975 Mémoire sur la préféance des Ducs & Pairs contre le Maréchal de Luxembourg. *Paris*, 1693, *in* 12.

976 Recueil des Etats tenus en France. *Par.* 1651, *in* 4.

977 Recueil des Etats de 1614, par Florimond Rapine. *Paris*, 1651, *in* 4.

Histoire d'Espagne & de Portugal.

978 Annales d'Espagne & de Portugal, de Colmenar. *Amst.* 1741, 8 *vol. in* 12, *fig.*

979 Révolutions d'Espagne, par le P. d'Orléans. *Paris*, 1634, 3 *vol. in* 4.

980 Histoire de Ximenès, par Marsollier. *Paris*, 1739, 2 *vol. in* 12.

981 Etat présent d'Espagne, par l'Abbé de Vayrac. *Par.* 1718, 4 *vol. in* 12.

982 Conquête d'Espagne, par les Mores, par M. de Luna. *Par.* 1680, 2 *vol. in* 12.

983 La Politique de Ferdinand, par Varillas. *Amst.* 1688, *in* 12.

984 Mémoires du Regne de Philippe V, par le Marquis de S. Philippe. *Amst.* 1756, 4 *vol. in* 12.

985 Journal du Voyage de Philippe V en Italie, par Bulson, *in* 12.

986 Histoire du Card. Alberoni, par Rousset. *La Haye,* 1719, *in* 12.

987 Révolutions de Portugal de Vertot. *Paris,* 1730, *in* 12.

Histoire des Pays-Bas.

988 Délices des Pays-Bas. *Bruxelles,* 1711, 3 *vol. in* 8, *fig.*

989 Castella & Prætoria Nobilium Brabantiæ. *Amstelodami,* 1696, *in fol. fig.*

990 Délices de la Hollande. *Amst.* 1697, *in* 12.

991 Description d'Amsterdam. *Amst.* 1722, *in* 12.

992 Délices de Leide, par Goris. *Leide,* 1701, *in* 12, *fig.*

993 Histoire de la République de Hollande. *La Haye,* 1734, 4 *vol. in* 12.

994 Histoire des Pays-Bas par Médailles. *Amst.* 1701, *in fol. fig.*

995 Révolutions des Pays Bas. *Par.* 1730, 2 *vol. in* 12.

996 Histoire des Guerres de Flandres, par Gabriel Chapuis. *Par.* 1633, *in fol.*

997 La même, par Strada. *Bruxelles,* 1727, 4 *v. in* 12.

998 Histoire d'Alexandre Farnese, par Montpleinchant. *Amst.* 1692, *in* 12.

999 Mémoires de J. de Witt. *Ratisbonne,* 1709, *in* 12.

1000 Mémoires de Hollande d'Aubery du Mauriez. *Par.* 1688, *in* 12.

Histoire d'Angleterre.

1001 Délices de la Grande-Bretagne, par Beeverell. *Leide,* 1707, 8 *tom. en* 9 *vol. in* 12.

1002 Histoire d'Angleterre du C. Temple. *Amst.* 1695, *in* 8.

1003 Abrégé de l'Histoire d'Angleterre de Rapin Thoyras, par Larrey. *La Haye,* 1730, 10 *vol. in* 12.

1004 Révolutions d'Angleterre du P. d'Orléans. *Paris*, 1737, 4 *vol. in* 12.

1005 Histoire de Guillaume le Conquérant, par l'Abbé Prevôt. *Par.* 1742, 2 *vol. in* 12.

1006 Histoire de Henri VII de Marsollier. *Par.* 1724, *in* 12.

1007 Histoire de Henri VII de Bacon. *Bruges*, 1724, *in* 12.

1008 Mémoires d'Angleterre, contenant l'histoire des deux roses. *Amst.* 1726, *in* 12.

1009 Histoire du divorce de Henri VIII, par le Grand. *Par.* 1688, *in* 12.

1010 Histoire du Schisme d'Angleterre de Sanderus, par Maucroix. *Par.* 1701, 2 *vol. in* 12.

1011 Histoire des rebellions d'Angleterre jusqu'au rétablissement de Charles II, par Clarendon. *La Haye*, 1704, 6 *vol. in* 12.

1012 Procès de Charles Stuart I, 1650, *in* 12.

1013 Vie de Cromwel. *La Haye*, 1738, *in* 8.

1014 Voyage & séjour de Charles II en Hollande. *La Haye*, 1660, *in fol. fig.*

1015 Mémoires du Chevalier Temple. *La Haye*, 1694, *in* 12.

1016 Histoire d'Angleterre 1660 à 1713, par Burnet. *La Haye*, 1735, 4 *vol. in* 4.

1017 Conduite du Comte de Galloway. *Rotterdam*, 1711, *in* 8.

1018 Histoire de la Reine Zarah, ou la Duchesse de Malborough démasquée *Oxfort*, 1711. *in* 12.

1019 Recueil de piéces sur l'Histoire d'Angleterre, par Bolingbroke. *La Haye*, 1734, *in* 16.

1020 Histoire de Marie Stuart, par Freron & l'Abbé de Marsy. *Londres*, 1742, 2 *vol. in* 12.

1021 Mémoires de Melvill. *Edimbourg*, 1745, 3 *v. in* 12.

Histoire d'Allemagne.

1022 Mémoires de Pollnitz. *Londres*, 1735, *in* 12.

1023 Tableau de l'Empire Germanique, 1741, *in* 12.

1024 Abrégé de l'Histoire d'Allemagne. *Par.* 1754, *in* 12.

1025 Histoire de l'Empire de Heiss. *Amst.* 1733, 8 *vol. in* 12.

1026 Éducation de Charles V, par Varillas. *Par.* 1689, 2 *vol. in* 12.

1027 Vie de Charles V par Leti. *Amst.* 1739, 4 *v. in* 12, *fig.*

1028 Politique de la Maison d'Autriche, par Varillas. *Par.* 1688, *in* 12.

1029 Histoire du Traité de Westphalie, par Bougeant. *Par.* 1727, 3 *vol. in* 4.

1030 Mémoires de Vordac, par Covard. *Par.* 1723, 2 *v. in* 12.

1031 Mémoires de la Colonie. *Bruxelles*, 1737, 2 *vol. in* 12.

1032 Histoire du Prince Eugene de Savoie. *Vienne*, 1741, 5 *vol. in* 12. *fig.*

1034 Délices de la Suisse. *Amst.* 1734, 4 *vol. in* 12.

1035 Histoire de Geneve, par Spon. *Geneve*, 1730, 4 *vol. in* 12.

Histoire des Couronnes du Nord.

1036 Vie du C. Commendon, par Flechier. *Par.* 1734, 2 *vol. in* 12.

1037 Voyage de la Reine de Pologne & de la Maréchale de Guébriant, par le Laboureur. *Paris*, 1647, *in* 4.

1038 Description d'Ukraine, par de Beauplan. *Rouen*, 1669, *in* 4. *fig.*

1039 Introduction à l'Histoire de Danemarck, avec la traduction de l'Edda des Islandois, par Mallet. *Coppenhague*, 1755, *in* 4.

1040 Discours de l'État & Couronne de Suede. *Paris*, 1633, *in* 8.

1041 Révolutions de Suede, par Vertot. *Paris*, 1695, *in* 12.

1042 Intrigues politiques & galantes de la Reine Christine. *Liege*, 1710, 2 *vol. in* 12.

1043 Histoire de Charles XII, par Voltaire. *Basle*, 1740, *in* 12.

1044 La Même par Adlerfeldt. *Amst.* 1740, 4 *vol. in* 12.

1045 Campagnes de Charles XII, par Grimarest. *Par.* 1705 4 *vol. in* 12.

1046 Histoire de la Laponie de Scheffer, par Lubin. *Par.* 1678, *in* 4.

1047 Mémoires de Moscovie 1714 à 1720. *Amst.* 1725,
in 12.

Histoire d'Asie.

1048 Bibliotheque Orientale d'Herbelot. *Paris*, 1697,
in-fol.

1049 La Vie de Mahomet, par Gagnier. *Amst.* 1732,
2 *vol. in* 12.

1050 Histoire des Sarrasins, trad. de l'Anglois d'Ockley.
Par. 1748, 2 *vol. in* 12.

1051 Histoire de l'Empire Ottoman de Sagredo, par Laurent. *Paris*, 1730, 7 *vol. in* 12.

1052 Etat de l'Empire Ottoman de Ricaud, par Briot.
Amst. 1671, *in* 12, *fig. de le Clerc.*

1053 Anedoctes Ottomanes. *Amst.* 1722, *in* 12.

1054 Histoire de Mahomet II, par Guillet. *Paris*, 1689,
2 *vol. in* 12.

1055 Histoire de Scanderberg, par du Poncet. *Par.* 1709,
in 12.

1056 Histoire d'Emeric Comte de Tekely. *Cologne*, 1693,
in 12.

1057 Histoire de Tamerlan, par Margat. *Paris*, 1739,
2 *vol. in* 12.

1058 Histoire du Mogol, par Catrou. *Paris*, 1715, *in* 4.

1059 Description de Siam, par la Loubere. *Amst.* 1714,
2 *vol. in* 12. *fig*

1060 Mémoires de la Chine des Peres le Comte & le
Gobien. *Paris*, 1697, 3 *vol. in* 12.

1061 Rélation de la Chine de Magaillans. *Paris*, 1689,
in 4.

1061 * Histoire des deux Conquérans Tartares qui ont subajugué la Chine, par le P. d'Orleans. *Par.* 1688,
in 8.

1062 Histoire du Japon de Kæmpfer, trad. de l'Anglois
de Scheuchzer *La Haye*, 1732, 3 *vol. in* 12.

1063 Conquêtes des Moluques d'Argensola. *Amst.* 1706,
3 *vol. in* 12. *fig.*

Histoire d'Afrique.

1064 Hiftoire de Barbarie, par le P. Dan. *Par.* 1649, *in fol.*

1065 L'entreprife d'Alger. Voyage de Bricard à Tunis. Expédition de Gigery en 1664. Campagne de Hongrie. Voyage du Duc de Guife à Naples. *Cologne,* 1666, *in* 12.

Histoire d'Amérique.

1066 Découverte des Indes Occidentales, par de las Cafas. *Paris,* 1697, *in* 12.

1067 Hiftoire des Indes Orientales & Occidentales de Maffei, par de Pure. *Par.* 1665, *in* 4.

1068 Mœurs des Sauvages Américains comparées à celles des premiers tems, par Lafiteau. *Par.* 1724, 2 *vol. in* 4.

1069 Hiftoire générale des Ifles Antilles, par du Tertre. *Paris,* 1667, 4 *v. in* 4.

1070 La même, par Rochefort. *Rotterdam,* 1665, *in* 4.

1071 Hiftoire de S. Domingue, par Charlevoix. *Paris,* 1730, 2 *v. in* 4.

1072 Hiftoire des Avanturiers Filibuftiers, par Oexmelin. *Trevoux,* 1744, 4 *vol. in* 12.

1073 Conquête du Mexique, trad. de Solis par Citry de la Guette. *Paris,* 1704, 2 *vol. in* 12.

1074 Expédition de Carthagene en 1697. *Amft.* 1698, *in* 12.

1075 Relation de ce qui s'eft paffé en Amérique pendant la derniere guerre. *Paris,* 1671, *in* 12, *premiere part.*

1076 Defcription de la Nouvelle France, par le P. Charlevoix. *Par.* 1744, 3 *v. in* 4.

1077 Mémoires des Commiffaires fur les limites du Canada. *Par.* 1756, 6 *vol in* 12.

Blafon & Antiquités.

1078 La méthode du Blafon de Meneftrier. *Lyon,* 1688, *in* 12.

1079 La Science héroïque de la Colombiere. *Par.* 1644, *in fol.*

1080 Théâtre d'honneur de Favyn. *Paris,* 1620, *in* 4.

1081 La Science des Médailles de Jobert. *Par.* 1715, *in* 12.

1082 Histoire du Commerce & de la Navigation des Anciens, par Huet. *Paris,* 1716, *in* 12.

Vies des Hommes illustres.

1083 Vies des grands Capitaines, par Cornelius nepos. *Paris,* 1749, *in* 12.

1084 Les Hommes illustres de Plutarque, par Amyot. *Paris,* 1604, 4 *v. in* 8.

1085 Les mêmes, par Dacier. *Amst.* 1734, 10 *v. in* 12.

1086 Vies des Philosophes, par Fénélon. *Paris,* 1726, *in* 12.

1087 Vie de Socrate, par Charpentier. *Paris,* 1657, *in* 12.

1088 Histoire des sept Sages de Larrey. *Rotterd.* 1714, *in* 12.

1089 Vies des Poëtes Grecs, par le Fevre. *Saumur,* 1664, *in* 12.

1090 Vie de Descartes, par Baillet. *Paris,* 1692, *in* 12.

1091 Vie de M. de Fénélon, par Ramsay. *Bruxelles,* 1724, *in* 12.

1092 La Galerie des femmes fortes, par le Moine. *Par.* 1647, *in fol.*

Histoire Littéraire.

1093 Histoire de l'Académie Françoise, par Pelisson & d'Olivet. *Paris,* 1729, *in* 4.

1094 Histoire de l'Académie des Inscriptions & Belles-Lettres, par M. de Boze. *Par.* 1740, 3 *vol. in* 12.

1095 Histoire & Mémoires de l'Académie des Inscriptions & Belles Lettres. *Paris,* 1736, 32 *v. in* 4.

1096 Voyage littéraire de deux Religieux Bénédictins. *Par.* 1717, *in* 4.

1097 Bibliotheque Françoise de l'Abbé Goujet. *Paris,* 1740, 16 *v. in* 12.

1098 Le Pour & Contre, par l'Abbé Prevôt. *Par.* 1733, 20 *vol. in* 12.

1099 Observations sur les écrits modernes de l'Abbé Desfontaines. *Paris,* 1735, 33 *v. in* 12.

1100 Mélanges de littérature de Vigneul Marville. *Par.*
     1700, 3 *vol. in* 12.
1101 Catalogus librorum C. de Hoim, digeſtus à G. Mar‑
     tin. *Pariſiis*, 1738, *in* 8.
1102 Catalogus librorum D. Boiſſier. *Pariſiis*, *Martin*,
     1725, 2 *v. in* 12.

Extraits Hiſtoriques.

1103 Mémoires d'Amelot de la Houſſaye. *La Haye*,
     1737, 3 *v. in* 12.
1104 Dictionnaire hiſtorique de l'Advocat. *Par.* 1752,
     2 *v. in* 8.
1105 Dictionnaire hiſtorique de Moreri & de Goujet.
     Paris, 1759, 10 *v. in fol.*

FIN.

TABLE

DES AUTEURS.

Les Chiffres indiquent les Numéros du Catalogue.

Fin de la Table des Auteurs.

Lû & approuvé le préfent Catalogue, à Paris, ce 10 Mai 1770.

BABUTY, Adjoint.

TABLE DES ARTICLES DU CATALOGUE.

THÉOLOGIE.

JURISPRUDENCE, 5.

SCIENCES ET ARTS.

BELLES-LETTRES.

HISTOIRE.

FIN.

Les Livres feront expofés dans l'ordre qui fuit;

Lundi 19 Mars 1770.

THÉOLOGIE, depuis le N°. 1 , jufqu'au N°. 14
Sciences & Arts, depuis le N°. 469 , jufqu'au N°. 507.
Belles-Lettres, depuis le N° 1815 , jufqu'au N°. 1831.
Hiftoire, depuis le N°. 2367 , jufqu'au N°. 2405.

Mardi 20 Mars.

THÉOLOGIE , depuis le N°. 15 , jufqu'au N°. 33.
Sciences & Arts, depuis le N° 508 jufqu'au N°. 547.
Belles-Lettres , depuis le N°. 1832 , jufqu'au N°. 1848.
Hiftoire , depuis le N°. 2406 , jufqu'au N°. 2444.

Mercredi 21 Mars.

THÉOLOGIE , depuis le N°. 34 , jufqu'au N°. 42.
Sciences & Arts, depuis le N°. 548 , jufqu'au N°. 588.
Belles Lettres , depuis le N°. 1849 , juf u'au N°. 1865.
Hiftoire , depuis le N°. 2445 , jufqu'au N°. 2491.

Jeudi 22 Mars.

Belles-Lettres , depuis le N°. 1866 , jufqu'au N°. 1882.
Théologie , depuis le N°. 43, iufqu'au N°. 54.
Sciences & Arts, depuis le N°. 589 , jufqu'au N°. 628.
Hiftoire , depuis le N°. 2493 , jufqu'au N°. 2534.

Vendredi 23 Mars.

THÉOLOGIE, depuis le N°. 55 , jufqu'au N°. 70.
Siences & Arts , depuis le N°. 629 , jufqu'au N°. 669.
Belles-Lettres, depuis le N°. 1883 , jufqu'au N°. 1900.
Hiftoire, depuis le N°. 2535 , jufqu'au N°. 2579.

Samedi 24 Mars.

THÉOLOGIE, depuis le N°. 71 , jufqu'au N°. 82.
Sciences & Arts, depuis le N°. 670 , jufqu'au N°. 713.
Belles-Lettres, depuis le N°. 1901 , jufqu'au N°. 1916.
Hiftoire, depuis le N°. 2580 , jufqu'au N°. 2626.

(23)

Mardi 27 Mars.

THÉOLOGIE, depuis le N°. 83 , jufqu'au N°. 96.
Sciences & Arts , depuis le N° 714 , jufqu'au N°. 747.
Belles Lettres , depuis le N°. 1517 , jufqu'au N°. 1931.
Hiftoire , depuis le N°. 2627 , jufqu'au N°. 2672.

Mercredi 28 Mars.

THÉOLOGIE , depuis le N°. 97 , jufqu'au N°. 110.
Sciences & Arts , depuis le N°. 748 jufqu'au N°. 773.
Belles-Lettres , depuis le N°. 1912 , jufqu'au N°. 1948.
Hiftoire , depuis le N°. 2673 , jufqu'au N°. 2720.

Jeudi 29 Mars.

THÉOLOGIE, depuis le N°. 111 , jufqu'au N°. 124.
Sciences & Arts , depuis le N°. 774 , jufqu'au N°. 810.
Belles Lettres , depuis le N°. 1949 , jufqu'au N°. 1964.
Hiftoire , depuis le N°. 1721 , jufqu'au N°. 2763.

Vendredi 30 Mars.

THÉOLOGIE, depuis le N°. 125 , jufqu'au N°. 135.
Sciences & Arts , depuis le N°. 811 , jufqu'au N°. 851.
Belles Lettres , depuis le N°. 1965 , jufqu'au N°. 1981.
Hiftoire , depuis le N°. 2764 , jufqu'au N°. 1803.

Samedi 31 Mars.

THÉOLOGIE, depuis le N°. 136 , jufqu'au N°. 148.
Sciences & Arts depuis le N°. 852 , jufqu'au N°. 889.
Belles Lettres depuis le N°. 1982 , jufqu'au N°. 1998.
Hiftoire , depuis le N°. 2804 , jufqu'au N°. 2851.

Lundi 2 Avril.

THÉOLOGIE, depuis le N°. 149 , jufqu'au N°. 162.
Sciences & Arts , depuis le N°. 890 , jufqu'au N°. 918.
Belles Lettres depuis le N°. 1999 , jufqu'au N°. 2015.
Hiftoire , depuis le N°. 2852 , jufqu'au N°. 2899.

Mardi 3 Avril.

THÉOLOGIE , depuis le N°. 163 , jufqu'au N°. 176.
Sciences & Arts , depuis le N°. 919 , jufqu'au N°. 961.
Belles-Lettres , depuis le N° 2016 , jufqu'au N°. 2032.
Hiftoire , depuis le N°. 2900 , jufqu'au N°. 2939.

Mercredi 4 Avril.

THÉOLOGIE , depuis le N°. 177 , jufqu'au N°. 190.
Sciences & Arts , depuis le N°. 962 , jufqu'au N°. 993.
Belles-Lettres , depuis le N°. 2033 , jufqu'au N°. 2049.
Hiftoire , depuis le N°. 2940 , jufqu'au N°. 2993.

Jeudi 5 Avril.

THÉOLOGIE , depuis le N°. 191 , jufqu'au N°. 204.
Sciences & Arts , depuis le N°. 994 , jufqu'au N°. 1034.
Belles-Lettres , depuis le N°. 2050 , jufqu'au N°. 2066.
Hiftoire , depuis le N°. 2994 , jufqu'au N°. 3040.

Vendredi 6 Avril.

THÉOIOGIE , depuis le N°. 205 , jufqu'au N°. 218.
Sciences & Arts , depuis le N°. 1035 , jufqu'au N°. 1075.
Belles Lettres , depuis le N°. 2067 , jufqu'au N°. 2082.
Hiftoire , depuis le N°. 3041 , jufqu'au N°. 3087.

Samedi 7 Avril.

THÉOLOGIE , depuis le N°. 219 , jufqu'au N°. 232.
Sciences & Arts , depuis le N°. 1076 , jufqu'au N°. 1115.
Belles.Lettres , depuis le N°. 2083 , jufqu'au N°. 2099.
Hiftoire , depuis le N°. 3088 , jufqu'au N°. 3135.

Lundi 23 Avril.

THÉOLOGIE , depuis le N°. 233 , jufqu'au N°. 246.
Sciences & Arts , depuis le N°. 1116 , jufqu'au N°. 1155.
Belles-Lettres , depuis le N°. 2100 , jufqu'au N°. 2116.
Hiftoire , depuis le N°. 3136 , jufqu'au N°. 3183.

Mardi 24 Avril.

THÉOLOGIE, depuis le N°. 247 , jufqu'au N°. 260.
Sciences & Arts , depuis le N°. 1156 , jufqu'au N°. 1196.
Belles-Lettres , depuis le N°. 2117 , jufqu'au N°. 2133.
Hiftoire , depuis le N°. 3184 , jufqu'au N°. 3231.

Mercredi 25 Avril.

THÉOLOGIE, depuis le N°. 261 , jufqu'au N°. 274.
Sciences & Arts, depuis le N°. 1197 , jufqu'au N°. 1237.
Belles Lettres , depuis le N°. 2124 , jufqu'au N°. 2150.
Hiftoire , depuis le N°. 3232 , jufqu'au N°. 3279.

Jeudi 26 Avril.

THÉOLOGIE , depuis le N°. 275 , jufqu'au N°. 288.
Sciences & Arts , depuis le N°. 1238 , jufqu'au N°. 1279.
Belles-Lettres , depuis le N°. 2151 , jufqu'au N°. 2166.
Hiftoire , depuis le N°. 3280 , jufqu'au N°. 3327.

Vendredi 27 Avril.

THÉOLOGIE , depuis le N°. 289 , jufqu'au N°. 302.
Sciences & Arts , depuis le N°. 1280 , jufqu'au N°. 1319.
Belles Lettres , depuis le N°. 2167 , jufqu'au N°. 2183.
Hiftoire , depuis le N°. 3329 , jufqu'au N°. 3373.

Samedi 28 Avril.

THÉOLOGIE , depuis le N°. 303 , jufqu'au N°. 312.
Sciences & Arts , depuis le N°. 1320 , jufqu'au N°. 1360.
Belles-Lettres , depuis le N°. 2184 , jufqu'au No. 2200.
Hiftoire , depuis le N°. 3375 , jufqu'au N°. 3420.

Lundi 30 Avril.

JURISPRUDENCE , depuis le N°. 313, jufqu'au N°. 326.
Sciences & Arts , depuis le N°. 1361 , jufqu'au N°. 1401.
Belles-Lettres , depuis le N°. 2201 , jufqu'au N°. 2217.
Hiftoire , depuis le N°. 3421 , jufqu'au N°. 3478.

(26)

Mercredi 2 *Mai.*

JURISPRUDENCE, depuis le N°. 327, jusqu'au N°. 339.
Sciences & Arts, depuis le N°. 1402, jusqu'au N°. 1441.
Belles-Lettres, depuis le N°. 2218, jusqu'au N°. 2234.
Histoire, depuis le N°. 3479, jusqu'au N°. 3526.

Jeudi 3 *Mai.*

Jurisprudence, depuis le N°. 340, jusqu'au N°. 353.
Belles Lettres, depuis le N°. 2235, jusqu'au N°. 2250.
Histoire, depuis le N°. 3527, jusqu'au N°. 3569.
Sciences & Arts, depuis le N°. 1442, jusqu'au N°. 1462.

Vendredi 4 *Mai.*

Jurisprudence, depuis le N°. 354, jusqu'au N°. 367.
Belles Lettres, depuis le N°. 2251, jusqu'au N°. 2264.
Histoire, depuis le N°. 3570, jusqu'au N°. 3601.
Sciences & Arts, depuis le N°. 1463, jusqu'au N°. 1500.

Samedi 5 *Mai.*

Belles-Lettres, depuis le N°. 2265, jusqu'au N°. 2276.
Histoire, depuis le N°. 3602, jusqu'au N° 3626.
Jurisprudence, depuis le N°. 368, jusqu'au N°. 381.
Sciences & Arts, depuis le N°. 1501, jusqu'au N°. 1537.

Mardi 8 *Mai.*

JURISPRUDENCE, depuis le N°. 382, jusqu'au N°. 396.
Belles-Lettres, depuis le N°. 2277, jusqu'au N°. 2289.
Histoire, depuis le N°. 3627, jusqu'au N°. 3661.
Sciences & Arts, depuis le N°. 1538, jusqu'au N°. 1570.

Mercredi 9 *Mai.*

Belles-Lettres, depuis le N°. 2290, jusqu'au N°. 2305.
Jurisprudence, depuis le N° 397, jusqu'au N°. 410.
Sciences & Arts, depuis le N°. 1571, jusqu'au N°. 1611.
Histoire, depuis le N°. 3662, jusqu'au N°. 3684.

Jeudi 10 *Mai.*

Hiſtoire, depuis le N°. 3686, juſqu'au N°. 3725.
Juriſprudence, depuis le N°. 411, juſqu'au N°. 424.
Sciences & Arts, depuis le N°. 1612, juſqu'au N°. 1646.
Belles-Lettres, depuis le N°. 2306, juſqu'au N°. 2322.

Vendredi 11 *Mai.*

JURISPRUDENCE, depuis le N°, 425, juſqu'au N°. 435.
Sciences & Arts, depuis le N°. 1647, juſqu'au N°. 1687.
Belles-Lettres, depuis le N°. 2323, juſqu'au N°. 2336.
Hiſtoire, depuis le N°. 3726, juſqu'au N°. 3773.

Samedi 12 *Mai.*

Belles Lettres, depuis le N°. 2337, juſqu'au N°. 2353.
Juriſprudence, depuis le N°. 436, juſqu'au N°. 450.
Sciences & Arts, depuis le N°. 1688, juſqu'au N°. 1727.
Hiſtoire, depuis le N°. 3774, juſqn'au N°. 3813.

Lundi 14 *Mai.*

JURISPRUDENCE, depuis le N°. 451, juſqu'au N°. 468.
Sciences & Arts, depuis le N°. 1718, juſqu'au N°. 1768.
Belles-Lettres, depuis le N°. 2354, juſqu'au N°. 2365.
Hiſtoire, depuis le N°. 3814, juſqu'au N°. 3871.

Mardi 15 *Mai.*

Sciences & Arts, depuis le N°. 1768, juſqu'au N°. 1814.
Hiſtoire, depuis le N°. 3872, juſqu'au N°. 3951.

Lu & approuvé le préſent Catalogue. A Paris,
ce 9 *Février* 1770.

B A B U T Y, *Adjoint.*